Inhaltsverzeichnis

1. Einleitung 3
2. Die sieben Stufen der Selbstermächtigung 5
    1. Alte Kammern dürfen sich nun öffnen 5
    2. Du bist auf dem Weg, ganz zu werden 16
    3. Du erschaffst deine Realität – lerne dies bewusst zu tun 25
    4. Entscheide dich selbst 48
    5. Erlaube dir, frei zu sein 56
    6. Sei dir der Prinzipien des Lebens bewusst 64
    7. Selbstermächtigung 78
3. Themen, die dir begegnen auf dem Weg 83
    3.1 Liebe 84
    3.2 Alte Zeit – Neue Zeit 92
    3.3 Verantwortung 99
    3.4 Krankheit 105
    3.5 Agenda 108
    3.6 Angst 112
    3.7 Kinder 120
    3.8 Fülle 122
    3.9 Geben – Erhalten 124
    3.9 Geld 127
    3.10 Wissen - Interpretation 130
    3.11 Emotionen - Gefühle 134

3.12 Telepathie 136

4. Was dich unterstützen kann 141

1. Einleitung

Du bist ein Meister, eine Meisterin. Sonst wäre dieses Buch nicht in deine Hände gelangt. Ein Meister auf dem Weg, sich seiner wieder vollständig bewusst zu werden.

Aufrecht, integer, oft unverstanden, alleine und einsam, immer wieder aufstehend und für andere einstehend. Du bist ein wunderschönes Wesen!

Du selbst würdest dies vermutlich so nicht beschreiben. Du nimmst zwar wahr, dass du anders bist als die anderen. Dass du schon immer anders warst. Aber Meister/Meisterin? Und wunderschön? Versager/Versagerin und mitten im Schlamm steckend, würdest du zur Zeit allenfalls als passender empfinden.

Du befindest dich mitten in einem höchst intensiven Prozess, der dich phasenweise ganzheitlich an deine Grenzen bringt. Vielleicht suchst du nach Antworten und Hilfestellungen für deine Herausforderungen, kannst sie allerdings nicht finden, weil dich niemand so richtig verstehen kann. Du fühlst dich alleine und einsam und erlebst, wie dein Leben zunehmend auseinanderbricht, ohne dass du etwas dagegen tun kannst.

Das Buch „Sieben Stufen der Selbstermächtigung" ist aus dem Bedürfnis heraus entstanden, Meister und Meisterinnen auf ihrem Weg der Bewusstwerdung zu

unterstützen und zu begleiten. Es soll dir helfen, (wieder) Zugang zu deinem inneren Wissen und somit zu den Antworten auf deine Fragen zu finden. Denn; eigentlich hast du bereits alles Wissen in dir. Du brauchst somit auch nicht wirklich Hilfestellung im Aussen. Dir fehlen allenfalls manchmal noch die Worte, um Phänomene zu beschreiben oder Bewusstsein, um Muster zu erkennen. Doch vermutlich wird dir das Geschriebene oft seltsam vertraut und „richtig" vorkommen.
Durch das Lesen wird somit der Zugang zu deiner eigenen Weisheit entpackt – so meine Intention. Sie soll dir danach wieder vollumfänglich zur Verfügung stehen. Denn so manche Klippe lässt sich besser meistern, wenn die Herausforderungen dahinter erkannt und verstanden werden.

Der Weg in die Bewusstwerdung ist oft ein einsamer. Doch du bist nicht alleine. Wir sind mehr, als du denkst! Und so bin ich zwar als Autorin aufgeführt, weil ich die Worte niedergeschrieben habe, doch darin verwoben ist das Wissen, die Erfahrungen und die Energie von unzählig anderen. Ihnen sei an dieser Stelle ganz herzlich gedankt!

Möge dich dieses Buch unterstützen auf deinem Weg. Von ganzem Herzen!

Susanne Edelmann

2. Die sieben Stufen der Selbstermächtigung

1. Alte Kammern dürfen sich nun öffnen

Die meisten von uns sind seit mehreren tausend Jahren immer wieder auf diesem Planeten inkarniert. Wir haben unzählige Leben gelebt, verschiedenste Rollen gespielt, gehasst und geliebt, waren Opfer und Täter, haben gewonnen und verloren. Wir haben Eide geschworen und jede Menge mentalen und geistigen Filz, sprich Glaubens- und Verhaltensmuster angesammelt. Leben für Leben.

Auf diesem Weg hier auf Erden sind wir immer etwas tiefer getaucht, in die Dunkelheit und das Vergessen. Wir haben die Prinzipien des Lebens vergessen und die Tatsache, dass wir in unserem inneren Kern alle göttliche Wesen sind. Viele sind nun dabei, sich wieder zu erinnern. Sich Stück für Stück ihrer selbst wieder bewusst zu werden. Der Weg ist jedoch kein einfacher. Geschieht das Erinnern doch oft auf sehr schmerzhafte Weise. Folterszenen, die uns im Traum begegnen und sich für eine kurze Zeit äusserst real anfühlen zum Beispiel. Eine Welle von Hass, die uns scheinbar aus dem Nichts heraus überflutet und der wir kaum Herr werden können. Oder starke körperliche Schmerzen, ohne dass ein Arzt einen medizinischen Grund finden könnte. Immer häufiger begegnen uns belastende Dinge, die wir nicht wirklich einordnen können.

Ein mögliches Erklärungsmodell ist folgendes; Im Laufe unserer vielen Leben haben wir eine Art inneres Kammersystem erschaffen. Wir haben traumatische Ereignisse, Situationen, derer wir uns schämten und/oder die wir nicht wirklich verarbeitet haben, Hilflosigkeitsgefühle, Wut und Hass, Schmerzen etc. in uns selbst in einer Art Kammer verschlossen. Manches Mal haben wir diese bis zum Ende des jeweiligen Lebens nicht mehr hervorgeholt und sie dadurch beim nächsten Leben als gut verschlossene Kammer wieder bei uns gehabt. Zusätzlich haben wir natürlich auch in jedem neuen Leben wieder neue verschlossene Kammern erschaffen. Da uns die Reise immer tiefer in die Dichte und das Vergessen geführt hat, hat uns die zunehmende Anzahl dieser Kammern – bewusst – nicht belastet. Nun, am tiefsten Punkt der Dichte angelangt, führt uns unser Weg jedoch wieder zurück ins Licht und in die Bewusstheit. Was zur Folge hat, dass innere Klärung und Reinigung geschieht und sich die Kammern nun eine nach der anderen öffnen. Dies kann zum Beispiel in Form von sehr bewusst erlebten Träumen geschehen. Manchmal jedoch auch in einer innerlich durchlebten Szene, die scheinbar aus dem Nichts auftaucht und gleichzeitig innerlich stark destabilisiert. Es kann jedoch auch sein, dass Ereignisse im Alltag auftreten, in denen du unüblich heftig reagierst. Eine Heftigkeit, die dich selbst erschreckt und sich nicht einordnen lässt. Üblicherweise schaltet sich nun der Verstand ein und versucht Ursachen, Schuldige und Lösungen zu finden. Dies verschlimmert die Situation allerdings nur. Denn; das Hier und Jetzt ist nur Auslöser (manchmal ein äusserst banaler sogar). Er triggert eine alte Kammer an. Und diese öffnet sich in grosser Heftigkeit. Versuche, wenn immer möglich, dich an einen ruhigen und geschützten Ort zurück zu ziehen. Nach einigen solchen Szenen wirst du selbst erkennen; es macht absolut keinen Sinn, die Emotionen in der Situation hier und jetzt auszuagieren. Du erlebst höchstens ein unschönes Drama, das jede Menge Verletzungen auslöst. Zieh dich zurück und lasse dann dort in Ruhe all die Emotionen und Gedanken zu. So lange, bis sie sich aufgelöst haben.

Bewerte nicht! Nicht deine Reaktion, nicht die Emotionen. Lass sie einfach zu und durch dich hindurchfliessen, ohne dich in sie zu verkrampfen. Setz dich ruhig hin, atme tief und lass die Emotionen in deinem Innern tanzen oder viel mehr miteinander ringen. Befiehl deinem Verstand, ruhig zu sein. Es ist nur eine alte Kammer und nach einiger Zeit sind sie frei und verschwunden, die Emotionen. Sie lassen dir oft sogar ein weiteres Stück Bewusstsein oder eine Erkenntnis als Schatz zurück.

Halte nicht fest an den Verletzungen, die du erlebt hast. Hole sie ans Licht, durchlebe den Schmerz, vergib (dir und den anderen), lass sie heilen und dann - lass los; immer wieder!

Emotionen sind der Königsweg beim Auflösen alter Traumata oder Verletzungen. Viele Menschen versuchen, zu verarbeiten und zu lösen, indem sie erzählen. Und gehen dabei in den Kopf (unbewusst; der Schmerz ist dann nicht oder deutlich weniger spürbar). Das hilft jedoch nur relativ. Manchmal wird dadurch etwas verständlicher, aber es hilft nicht, die Verletzung aufzulösen. Und so erzählen die Betroffenen immer und immer wieder, in der Hoffnung, dass es sich irgendwann lösen würde. Dies geschieht jedoch erst, wenn beim Erzählen auch die dazugehörigen Gefühle noch einmal durchlebt werden. Es sind die nicht aufgelösten Gefühle, die die Verletzung aufrechterhalten. Erst wenn sie noch einmal gefühlt werden, können sie sich auflösen. Was automatisch zur Folge hat, dass sich auch das belastende Erlebnis auflöst. Manche Menschen tragen erlittenes Unrecht wie ein grosses Schild vor sich her. Sie kämpfen manchmal jahrelang, um Recht zu erhalten. Wurde es ihnen zugesprochen, sind sie dann meist erstaunt, dass sich nach einigen Wochen das alte „Unrecht-Gefühl" wieder zeigt. Ihnen wurde zwar offiziell zugesprochen, dass sie Unrecht erlebt haben, doch damit wurden weder ihre inneren Verletzungen geheilt, noch ihre Würde wieder hergestellt. Das Lösen von erlittenem Unrecht geschieht nicht von aussen nach innen, sondern von innen nach aussen. Lass los, was war! So schwer dir dies auch erscheinen mag. Ausgleich ist die Aufgabe des

Universums und nicht deine. Hältst du innerlich weiterhin fest, schädigst du nur dich selbst. Entscheide dich als erstes, dass Heilung geschehen darf und lass sie dann auch zu. Allein durch deine Entscheidung beginnt sich dein System auszubalancieren, zu regenerieren und damit zu heilen. Ist die innere Verletzung geheilt, kehrt auch in deinem Inneren die Würde zurück. Und – ist sie im Innern wieder da, ist die Würde automatisch auch im Aussen wahrnehmbar.

Alte Kammern öffnen sich allerdings nicht nur in Form von Emotionsausbrüchen. Sie zeigen sich auch über körperliche Schmerzen.
Typischerweise lassen sich keine medizinischen Ursachen dafür finden. Sie zeigen sich häufig an wechselnden Orten und lösen sich in aller Regel nach einigen Stunden, spätestens nach einigen Wochen bis Monaten wieder auf. Schmerzen in der Brustgegend, an den Schultern, aber auch in Beinen und Füssen sind häufig. Der Umgang damit ist nicht ganz so einfach und letztendlich wirst du deinen ganz eigenen Weg damit finden müssen. Spüre in dich hinein und überprüfe für dich, ob nachfolgender Satz für dich stimmt:
Du kannst mit grosser Wahrscheinlichkeit davon ausgehen, dass dein Körper sich von Altem reinigt. Die Schmerzen sind somit kein Zeichen einer Krankheit, sondern vielmehr ein heilsamer Reinigungsprozess des Körpers. Sei jedoch jederzeit achtsam und nimm Impulse, doch einen Arzt aufzusuchen sehr ernst.

Erlaube Leid und Schmerz sich aus deinem Körper zu lösen und sei nicht erstaunt, wenn sich der Schmerz erst einmal verstärkt und/oder noch wochenlang weiter dauert. Was über Jahrtausende angesammelt wurde, benötigt seine Zeit, bis es transformiert ist. Vertraue einfach. Lass dich in dein Jetzt fallen und von deinem Herzen führen. Kämpfe nicht dagegen an. Dies benötigt nur unnötig Energie. Dein Körper, dein ganzes Sein strebt der Ganzheit, der Heilung zu. Du darfst ihm vertrauen. Entspann dich, nimm allenfalls Schmerzmittel und gönn dir viel Ruhe. Vielleicht tut dir auch die eine oder andere physikalische Therapie gut. Vertrau deinem inneren Wissen, du wirst jederzeit richtig geführt werden. Und erleben, wie sich der Schmerz zu seiner Zeit auflösen wird.

Im Laufe deines Bewusstwerdungsweges werden dir vermutlich grundsätzlich einige Begleiterscheinungen begegnen.

Körperlich
Schwindel, Ohrensausen, kurzzeitiger Tinitus, Morgensteifigkeit, plötzliches Zittern (innerlich u/o äusserlich), Übelkeit, Durchfall, plötzliche Kälteschauer oder Hitzewallungen, Schmerzen in Knochen und Muskeln, die im Körper umher wandern, plötzlich heftiges Atmen, Gewichtsveränderungen, starke Müdigkeit bis hin zum Gefühl der Erschöpfung, Schlafstörungen

Mental
Konzentrationsprobleme, kurzzeitige psychische Instabilität (fühlt sich ein bisschen wie verrückt werden an), Blackouts

Lass dich nun nicht verunsichern von meinen Aufzeichnungen. Sie müssen dir nicht alle begegnen. Doch wenn, hilft es dir zu wissen und einordnen zu können. Lass dich jeweils von deinem Innern führen, ob ein Arztbesuch und allfällige Medikamente hilfreich sind. In der Regel darfst du jedoch ganz ruhig und gelassen sein; die Symptome verschwinden von alleine wieder.

 Es kann sein, dass du immer irgendwie anders gewesen bist und nicht gepasst hast in all die Normierungen. Du magst es immer wieder einmal versucht haben, dich passend zu machen. Dabei hast du dich jedoch nicht wirklich wohl gefühlt. Vielleicht hast du so manches Prädikat (z.B. du bist nicht beziehungsfähig, du bist arrogant, du bist eigenbrötlerisch etc.) abbekommen. Sie alle hängen allenfalls unbewusst noch an dir und haben so manche Verletzung hinterlassen. Lass sie hoch kommen. Fühle den Schmerz noch einmal, damit er sich auflösen kann. Du hast nicht gepasst in diese verquere Normen und Lebensweisen. Gott sei Dank! Du trägst die Zukunft in dir. Heile Beziehungsmuster. Kein Wunder, dass es immer wieder einmal Probleme gab mit den alten Mustern.

Vielleicht wirst du nun auch erleben, wie du erneut solche (gedankliche oder auch offen formulierte, manchmal alt bekannte, unrichtige) Prädikate/Wertungen erhältst.
Wenn du möchtest, versuche einmal folgenden Umgang damit:
Du nimmst die Wertung und die zugehörigen Gefühle wahr. Gehe nun (innerlich, alleine für dich) ganzheitlich in diesen Satz hinein. Mit all deiner Aufmerksamkeit. Erst wird sich das unangenehme Gefühl verstärken. Bleib jedoch fokussiert bei ihnen und halte sie aus. Nach einiger Zeit wirst du wahrnehmen, wie sich eine Art Nebel lichtet und sich mehr und mehr auflöst. Bleibe weiter mit deiner ganzen Aufmerksamkeit dabei. Und nun - erscheint die Wahrheit. So wie du wirklich bist. Klar und deutlich. Geniesse sie.
Das, was du so in deinem Inneren aufgelöst hast, löst sich auch im Aussen. Du wirst das unrichtige Prädikat nie mehr erhalten. Die Wahrheit ist nun für alle klar wahrnehmbar. Eine sehr schöne Form der Reputation – finde ich.

Deine gemachten Erfahrungen prägen dich im Hier und Jetzt. Dabei meine ich nicht nur die Erfahrungen aus dem jetzigen Leben. Und deshalb: je mehr du aus deinen vergangenen Leben weißt, umso besser kannst du verstehen. Bitte deinen inneren Wesenskern, dich diesbezüglich zu führen und dir deine letzten Leben Schritt für Schritt zu offenbaren. Dies wird

nicht immer einfach sein. Da ist auch so manches dabei, das schwierig zu verarbeiten ist. Versuche einen guten Weg zu finden zwischen zulassen und noch einmal durchleben, ohne dass du dich dabei allzu sehr in die damaligen Dramen fallen lässt.
Der Schwerpunkt liegt im Verstehen, Integrieren und Loslassen. Auch in diesem Bereich. Was immer du löst in der Vergangenheit, tut dir (und den anderen) gut im Jetzt. Je mehr du vordringst, umso besser erkennst du zudem Schwerpunkte, die du als geistiges Wesen offensichtlich studieren wolltest. Themen, die allenfalls immer noch wichtig sind in deinem jetzigen Leben.

Lerne mehr und mehr, aufflammende Emotionen nicht mehr im Aussen auszuagieren: sitze ruhig da und dann stell dir vor, sie alle nach oben in den Himmel zu atmen. Du wirst z.B. heftigen Zorn oder Hass auf eine bestimmte Person empfinden. Lass die Emotionen nun nicht auf die andere Person zufliessen, sondern lenke sie nach oben. Wenn du möchtest, stell dir zwei Licht-Bahnen vor, in der einen lässt du die Emotionen nach oben fliessen, in der anderen ziehst du Lichtenergie vom Himmel in dein Inneres, in die alte Kammer.
Emotionen sind Energie. Spürbare Energie für Sensitive. Vielleicht kannst du bereits jetzt wahrnehmen, wie unangenehm es sich anfühlt, wenn Zornenergie gegen dich fliesst.

Du bist nun bereits einige Zeit unterwegs auf dem Weg der Bewusstwerdung. Und so sage ich dir nichts Neues, wenn ich über (Heil)Krisen schreibe. Momente, in denen du manchmal scheinbar aus dem Nichts heraus in tiefes inneres Chaos versinkst, dunkelschwarze Traurigkeit spürst, die sich bis hin zu Todessehnsucht ausweitet, starke körperliche Schmerzen, die dich stöhnen und manchmal schreien lassen, eine so tiefe Erschöpfung, dass du dich kaum auf den Beinen halten kannst etc. Manchmal dauern diese (Heil)Krisen einige Minuten, manchmal einige Stunden, manchmal auch länger.
Und ich sage dir hier und jetzt – das ist normal. Einfach nur normal. Alle die wir diesen Weg gehen, erleben genau dasselbe. Du brauchst keinen Arzt, keinen Psychiater – dein inneres Selbst führt dich explizit. Laufe mutig und stark hindurch, lass dich tauchen, halte aus, ertrage – es ist dein Weg, niemand wird dir das abnehmen können. Entwickle eine gewisse Gelassenheit. Lass dich innerlich führen und spüre, was du jeweils brauchst und/oder selbst tun kannst, um das Ganze gut zu durchlaufen.
Du kannst blind vertrauen; jeder wichtige Termin, der ansteht, sobald du wieder arbeiten musst, oder dich deine Kinder oder dein Partner brauchen, wirst du wieder voll einsatzfähig sein. Du musst also nicht im Aussen agieren, sondern nur deinem inneren Prozess – innerlich – so viel Raum wie nur möglich geben und ihn (ertragend)

laufen lassen. Du und dein Umfeld werden niemals Schaden erleiden, auch wenn es dir dein rotierender und überforderter Verstand immer wieder mal einreden möchte. Ein Mysterium, das du selbst erleben musst.

Ich weiss, wie viel Leid du erlebst und wie viel Dunkel du durchläufst. Und ich habe Hochachtung vor dem, was du hier tust!!

Es wird dir vermutlich immer wieder einmal geschehen, dass du Auslöser bist, damit dein Gegenüber eine seiner alten Kammern öffnen kann. Dies geschieht manchmal mit Menschen, die noch nicht ganz so bewusst sind und damit nicht realisieren, dass gerade eine innere alte Kammer geöffnet wurde. Und so agieren sie ganz im Hier und Jetzt ihre alten Themen aus, werfen ihren ganzen Ballast vor deine Füsse und schmeissen all die negativen Emotionen auf dich. Keine schöne Situation!
Du wirst sie trotzdem aushalten müssen. Als bewusster Liebesdienst.
Sobald du erkennst, dass es sich – nur – um eine alte Kammer handelt, wird es dir jedoch einfacher fallen, ruhig zu bleiben und dich nicht emotional in das Drama verwickeln zu lassen.

→**Stufe 1:** Erkenne, dass dir so Manches im Hier und Jetzt begegnet, das nichts mit deiner Gegenwart zu tun hat. Es ist vielmehr eine alte Kammer, die sich öffnet und entleert. Hast du die

Weisheit zu erkennen und entsprechend damit umzugehen, wird es leichter werden in deinem Leben.

2. Du bist auf dem Weg, ganz zu werden

Viele von uns arbeiten hart und sehr engagiert an sich. Mit dem Ziel, möglichst integer, wertschätzend und wohltuend, sprich „gut" zu sein. Bei dieser Arbeit werden dann oft Aspekte, die nicht in das „gute" Bild unseres Ichs passen, unterdrückt. Oder wir versuchen, Charaktereigenschaften wie Neid, Aggression, Faulheit etc. Verhaltensweisen, derer wir uns schämen und/oder die wir nicht leben möchten zu bearbeiten und/oder aufzulösen. Dies hilft jedoch nur bedingt, ja frustriert ehrlicherweise zeitweise ziemlich. Denn, je mehr ich eine Eigenschaft weg haben möchte, umso mehr begegnet sie mir. Ein typisches Prinzip des Lebens; je stärker ich etwas bekämpfe in meinem Leben, umso mehr erhalte ich davon. Energie folgt meiner Aufmerksamkeit.
Das Ziel der Bewusstwerdung liegt nicht darin, „gut" oder noch besser, sondern ganz zu werden. Ganz zu sein bedeutet, von dunkelschwarz bis reinweiss jegliche Aspekte in mir drin integriert zu haben. Für viele Menschen, die sich schon seit Jahren auf einem spirituellen Weg befinden, stellt dies einen ziemlichen Paradigmenwechsel dar. Haben sie doch so viel gearbeitet, um licht

zu sein. Und nun plötzlich sollen sie sich mit dem tiefsten Dunkel (ihrer selbst wohlgemerkt) auseinander setzen.
Du wirst es jedoch bereits selbst bemerkt haben; es führt kein Weg daran vorbei, dich mit den tiefsten (Un)Tiefen deiner selbst auseinander zu setzen.
Dein innerer Wesenskern führt dich auch hier wieder in einer dir ganz eigenen und stimmigen Weise. Du musst also nichts erarbeiten oder forcieren. Lediglich achtsam und aufmerksam sein. Denn die Teile, die dir noch fehlen, kommen laufend auf dich zu; in Form einer Autoimmunerkrankung, die dich darauf hinweisen, dass du Aggression noch nicht integriert hast in dir zum Beispiel. Einer Nachbarin, die ständig nörgelt und dich zunehmend nervt und dir damit zeigt, dass du nörgeln noch zu integrieren hast. Oder du nimmst plötzlich wahr, dass du Schwachheit verachtest usw.
Zu Beginn wird es dir vermutlich etwas schwer fallen. Doch je weniger du wertest und in gut oder schlecht unterteilst, umso leichter wird es dir fallen. Sei achtsam. Umarme in deinem Geiste jeden dir begegnenden Aspekt, der dich irritiert und lade ihn in dein Inneres ein: Nörgeln, Neid, Aggression, Versagen usw.

Wir laufen in eine neue Zeit hinein. Eine Zeit, die das Prinzip der Dualität, das hier auf der Erde herrscht, überwinden wird. Wir, die wir nun in

dieser Umbruchzeit unterwegs sind, erleben häufig eine Zeit der Extreme. Voller Erfolg – totales Versagen. Grosse Fülle – ebenso grosser Mangel. Und dies in kurzer Abfolge. Dies verunsichert Viele. Das muss es jedoch nicht. Es geschieht dir auch nichts Schlechtes. Du musst keine Angst haben. Das Auftauchen der Extreme ist eine ganz natürliche Erscheinung auf dem Weg zur Verschmelzung der gegensätzlichen Pole und somit der Dualität.
Das Phänomen lässt sich übrigens auch bei unseren Wetterverhältnissen beobachten und ich gehe davon aus, dass sich die Extreme auch hier mit der Zeit ausgleichen werden.

Sei nicht verunsichert, wenn du plötzlich in einer grossen Abhängigkeit drin steckst. Du darfst dich, wenn es sich richtig anfühlt, loskämpfen. Du wirst jedoch vermutlich erleben, dass dies a) äusserst kräfteraubend ist und b) meist ein grosses Drama verursacht. Versuche, falls möglich, einen ruhigen Zeitpunkt für dich ganz alleine zu finden und dann geh in Gedanken ganz in diese Abhängigkeit hinein. Schau und fühl, was da noch so alles hochkommt; Szenen und Muster aus der Kindheit, Erfahrungen alter Leben usw. Ist alles hochgekommen, wurde angeschaut und integriert, wird sich die Abhängigkeit im Aussen auflösen.
Sei achtsam, aber auch mutig. Es werden dir Pole begegnen, die du nicht magst. Plötzliche starke Gewichtszunahme und damit körperliche Fülle,

die du als unangenehm empfindest zum Beispiel oder du findest dich in einer sehr ungemütlichen Situation als Schülerin oder Studentin wieder, wirst bewertet, klein gemacht und scheinbar als unwissend behandelt usw. Beginne nun nicht intuitiv dagegen anzukämpfen. Erkenne viel mehr einen äusseren, dir unangenehmen Pol und lebe ihn noch einmal, so tief und gut dir dies möglich ist.
Auch hier gilt wieder; je weniger du wertest, umso einfacher wirst du unterwegs sein.
Begegnest du dem äusseren Pol des Erfolgs, geh innerlich ganz in diesen Pol hinein. Im Wissen, dass dir schon bald der Gegenpol begegnen wird. Du musst keine Angst haben. Es ist ein ganz natürlicher Teil deines jetzigen Weges!

Lass dich innerlich führen, du wirst spüren, wann du bereit bist für den weiteren Schritt. Auf dieser Stufe beginnst du die beiden Pole in dir zu verschmelzen und damit zu integrieren. Ein mögliches Vorgehen:
Stell dir quer über deiner Brust eine liegende Acht vor. Sollte dir dies schwer fallen, kannst du auch auf dem Boden eine liegende Acht mit einer Schnur auslegen. Stell dir nun auf einer Seite der Acht den einen Pol (zum Beispiel „Versagen") vor und auf der anderen Seite den dazugehörigen Gegenpol (zum Beispiel „Erfolg").
Begib dich mit deiner ganzen Aufmerksamkeit in den einen Pol. Spüre ihn ganzheitlich. Lauf dann mit deiner Aufmerksamkeit oder auch ganz real

auf dem Boden auf die andere Seite (entlang der Acht) und geh dort mit derselben Achtsamkeit in diesen Pol hinein. Wiederhole diesen Vorgang so lange, bis du spürst, dass sich die Pole ausbalanciert haben.

Du bist auf dem Weg der Bewusstwerdung und bist dabei, ganz zu werden. Die Person, die du bist. Dies bedeutet auch, dass es an der Zeit ist, ehrlich zu werden. Wir haben manchmal Masken getragen in den letzten Jahren. Mussten dies vielleicht auch bisweilen tun um uns zu schützen. Nun ist es an der Zeit, diese Stück für Stück wieder abzuziehen. Es kann sein, dass du nun und vielleicht auch noch viele Monate lang viel Zeit und Raum für dich selbst benötigst. Dass du dich noch tiefer mit deinem inneren Wesenskern verbindest und noch besser wissen möchtest, wer du wirklich bist, was dich in der Tiefe glücklich macht, wie du wohnen und/oder arbeiten möchtest, wie dein ganz eigener Weg aussehen soll usw. Nimm dir diese Zeit, ganz bewusst. Beginne eine Liebesbeziehung mit dir selbst. Achtsam und liebevoll.
Und gleichzeitig möchte ich dich auf eine mögliche Herausforderung auf dem Weg des Ganz-Werdens hinweisen: es kann sein, dass du im Laufe der Jahre eine Teil-Identität aufgebaut hast, mit der du dich sehr identifizieren kannst. Z.B. die Helfende, die Demütige, der Soziale, der der es richtig macht usw. Das können auch mehrere sein. Sie werden dir begegnen und du

wirst sie daran erkennen, dass du dich sehr wohl fühlst in dieser Rolle und auch ein Stück weit stolz bist auf sie. Die Herausforderung besteht nun darin, auch die Teil-Identitäten, auf die du stolz bist und die bisher in deinem Denken einen wichtigen und wertvollen Teil von dir ausgemacht haben, loszulassen und in den „Ganz-Pool" zu integrieren. Deine Lieblingsstücke herzugeben, quasi. Dies führt dich auch dazu, dich mit dem Wunsch auseinander zu setzen, gut und heilig zu sein. Um in der Auseinandersetzung damit zu erkennen, dass gut und heilig aus der göttlichen Perspektive sehr viel ganzheitlicher und damit deutlich anders ist, als aus menschlicher Sicht wahrgenommen wird. Dieses Streben nach „gut und heilig" entspringt zudem der Überzeugung, unzulänglich zu sein. Du musst nichts mehr erreichen oder verbessern. Du bist, der du bist. Alles und nichts. Heilig und gut.

Es kann dir zudem geschehen, dass du plötzlich ungewohnt anders agierst. Dass du dich einen Moment lang in dir selbst fremd fühlst. Oder du erlebst, dass gewisse Verhaltensweisen, die du eigentlich normalerweise halb schlafend durchführen könntest (wie Autofahren oder flüssiges Schreiben am Computer etc.), dir für einen kurzen Moment (oder manchmal auch etwas länger) nicht mehr gelingen. Du bist ängstlich, innerlich blockiert und verstehst die Welt nicht mehr. Ein Phänomen, das derzeit viele Menschen erleben, die sich auf dem Weg der

Bewusstwerdung befinden. Ein ganz normales Phänomen, das sich wieder stabilisiert und dir keine Angst machen muss.
Ein mögliches Erklärungsmodell:
Aspekte aus deinen früheren Leben kehren zu dir zurück. Immer wieder einmal. Dies führt innerlich zu einer Neuordnung, was manchmal über den Weg einer – kurzen – innerlichen Instabilität geschieht.

Ganz zu werden bedeutet auch, komplett unabhängig zu werden. Und so wirst du erleben, wie sich nun Schritt für Schritt, Abhängigkeiten, in die du verstrickt warst, zu lösen beginnen. Es mag dir zum Beispiel geschehen, dass eine langjährige für dich enorm wichtige Freundschaft plötzlich und aus unerfindlichen Gründen wegbricht. Eine Freundschaft, die dir viel bedeutet hat und um die du nun sehr trauerst. Vielleicht war sie in irgendeiner Form verstrickt mit dem Thema der Abhängigkeit? Lass sie innerlich getrost los. Wenn sie zu dir gehört, wird sie dir zu einem späteren Zeitpunkt wieder begegnen, diese Freundschaft. In einer neuen Art und Weise.

Vielleicht erlebst du es bereits; der Weg auf dem du unterwegs bist, ist ein innerer Weg. Er führt dich immer tiefer und intensiver zu dir selbst. Dort, in dir selbst, sind deine Kraft, deine Macht und deine Klarheit. Wir sind uns so gewohnt, im Aussen zu agieren. Im Aussen ist unser Einfluss jedoch meist begrenzt. Gewöhn dir an, deine Themen erst in deinem Inneren zu bearbeiten und dir dort klar zu werden. Bist du in deinem Innern klar, wirst du im Aussen ganz anders – mühelos - agieren können.

Lerne, alles was dir im Hier und Jetzt begegnet zu würdigen und du wirst mehr und mehr erkennen, jedes Erlebnis (auch und gerade die schmerzhaften) enthält einen Diamanten in sich drin. Eine Erfahrung und damit eine Erkenntnis, die du hier und jetzt gerade benötigst, im Hinblick auf deinen weiteren Weg. Manchmal muss das Erlebnis allerdings etwas gedreht und gewendet werden, bis sich das Geschenk dahinter erkennen lässt, zugegebenermaßen ☺

Ein Thema, das nun vielen begegnet, ist das Thema der Partnerschaft;
Viele von uns haben seit einiger Zeit die Beziehungsformen der neuen Zeit in uns, ohne sich dessen bewusst zu sein. Dabei haben wir jedoch gleichzeitig in Beziehungen gelebt, die noch in Beziehungsmustern der alten Zeit (Besitzansprüche, Kompromisse, Fokus auf Wir etc.) funktioniert haben. Dies hat viele verunsichert, frustriert und ausgebrannt. Wir haben sie in uns, die neuen Beziehungsformen, können sie allerdings oft noch nicht in Worte fassen. Allen von uns ist nur dies gemeinsam; wir fühlen uns zunehmend unwohl in den alten Beziehungs-Mustern. Wir verspüren den Drang,

auszubrechen und frei zu sein. Gleichzeitig ist jedoch die Sehnsucht nach Beziehung nach wie vor vorhanden.

Viele sind alleine im Augenblick. Vielleicht auch, um sich mit der eigenen Biographie im Hinblick auf Beziehungen auseinander zu setzen und aufzuarbeiten.

Deine primäre Bezugsperson hat deine Beziehungsmuster geprägt. Sehr viel mehr als du dir vermutlich bewusst bist. Meine Beobachtung ist, dass viele Menschen, die auf dem Weg der Bewusstwerdung unterwegs sind, in Familien aufgewachsen sind in denen dysfunktionale Beziehungsmuster (zum Beispiel Liebe ist dann Liebe, wenn sie sich dem anderen zuliebe aufopfert usw) herrschten. Viele sind zudem mit der Fähigkeit der Telepathie/Empathie ausgerüstet. Sie haben also die Gabe, hinter die Dinge zu blicken und haben somit vermutlich bereits als Kind die verwirrende Erfahrung gemacht, dass die Mutter zwar im Aussen etwas klar sagt, im Innern aber etwas ganz anderes genau so klar meint. In der Fachsprache nennt sich dieses Phänomen „double bind", in der Praxis heisst dies; was du auch tust, du kannst nur verlieren. All diese Erfahrungen haben dich geprägt. Mehr, als du dir bewusst warst bisher. Viele von uns tragen zudem tief in sich drin die Überzeugung (und auch Verletzung!), falsch zu sein. Und ich kann dich nicht genug ermutigen, dich so lange mit diesem Thema auseinander zu setzen, bis du in jeder Zelle deines Wesens

weisst, dass du richtig bist. Ganz und vollständig richtig! Noch richtiger als richtig ☺
Deine Erfahrungen haben dich geprägt und nicht selten auch misstrauisch sein lassen in deinen Beziehungen. Und ich bitte dich, in der Bewusstwerdung nun sehr liebevoll mit dir selbst zu sein. Du konntest nichts dafür damals. Es hat dich verwirrt. Und es hat dich geprägt. Nun ist der Zeitpunkt gekommen, an dem sich der alte Filz auflösen darf!

→ **Stufe 2:** Integriere alle dir noch fehlenden Aspekte und werde ganz; die/der du bist.

3. Du erschaffst deine Realität – lerne dies bewusst zu tun

Unsere Welt verändert sich. Im Sinne der Einfachheit unterscheide ich gerne in „alte" und „neue" Zeit. Eine Unterscheidung, die unterstützen soll, etwas noch wenig Verständliches fassbar(er) zu machen, die jedoch keineswegs den Anspruch auf absolute Wahrheit erhebt.
In der alten Zeit haben wir im Aussen erschaffen. Wünschten wir uns ein Auto, haben wir mehr gearbeitet, Geld gespart und hatten wir dann genügend davon, kauften wir uns das Auto. Viele von uns haben in den letzten Jahren zudem gelernt, mittels mentalen Bildern die Zukunft zu visualisieren. Als Unterstützung, um das

Gewünschte auch zu erreichen. Viele Jahre haben wir so gelebt. Oft erfolgreich, wenn auch nicht immer.

Nun plötzlich wirkt dieses Vorgehen nur noch bedingt. Oder gar nicht mehr. Was ist geschehen?

Der Planet Erde läuft in ein neues Zeitalter. Eine Zeit, die ihre eigenen, neuen Regeln hat und anders funktioniert. In der neuen Zeit erschaffen wir Innerlich, über Gedanken und Gefühle. Ein Paradigmenwechsel, an den wir uns erst noch etwas gewöhnen müssen. Sind wir uns der Funktionsweise der neuen Zeit nicht oder zu wenig bewusst, entsteht in unserem Leben so manche Unruhe, folgen doch die Energien unseren unruhigen Gedanken und Gefühlen.

Wir visualisieren zum Beispiel das neue Auto. Doch tief in uns zweifeln wir, ob wir das erforderliche Geld auch wirklich sparen können und irgendwie scheint das erarbeitete Geld auch tatsächlich immer wieder für andere Dinge benötigt zu werden. Wir wünschen uns ein wunderschönes Auto. Doch in Gedanken reden wir auf uns selber ein, dass ein billigeres, zweckmässigeres Auto doch auch seine Vorteile hat. Und visualisieren ein dementsprechendes Modell. Unser Gefühl hat an dieser Version jedoch keine Freude. Dieses ungute Gefühl wiederum veranlasst allenfalls zur Frage, ob es nicht das alte Auto auch noch etwas täte, zumal das nötige Geld irgendwie immer noch nicht da ist...

Wir schauen in eine Richtung, gleichzeitig wuseln Gedanken und Gefühle hin und her, in alle möglichen Richtungen. Bisher hatte dies wenig bemerkbare Auswirkungen, meist kamen wir trotzdem ans gewünschte Ziel, irgendwie und irgendwann. In der neuen Zeit dagegen, werfen unruhige Gedanken und Gefühle fühlbare Wellen im Leben, hier und jetzt.
Die meisten von uns sind zudem gewohnt, mit dem zu kalkulieren, was wir haben. Es ist uns vertraut, uns einzuschränken. Im praktischen Leben, aber noch viel mehr in unseren Gedanken. Mangel sitzt uns regelrecht in den Zellen. „Man kann und darf nicht alles haben – halte deine Wünsche klein"; kennst du diese Haltung? So hat unsere Gesellschaft gelebt. Wir streben zwar eigentlich nach dem Neuen und nach Fülle. Doch unsere Gedanken und unsere Gefühle hängen noch in den alten vertrauten Mustern und kreieren damit alten, vertrauten Mangel.

In der neuen Zeit erschaffen wir im Innern. Dies stellt für uns alle einen grossen Paradigmenwechsel dar und es benötigt etwas Zeit für den Wechsel. Hast du es erst erfasst, ist es dann ganz einfach, logisch und dir gelingt der Umgang damit mit einer mühelosen Leichtigkeit. Bis du dort bist, benötigst du jedoch eine gewisse Zeit. Sei somit nicht entmutigt, wenn es dir nicht auf Anhieb gelingt. Achte den Weg! Jede Situation ist eine Lernerfahrung, die dich die

Thematik in einer Tiefe und Klarheit erfassen lässt, die dir meine Worte niemals geben können.
Ich arbeite in diesem Kapitel mit Beispielen und Geschichten, im Wissen, dass Geschichten manchmal noch einmal vertieft verdeutlichen. Und mit dem Wunsch, dass dein Verstand besser versteht.

Klaus wünscht sich ein neues Auto. Er zieht sich in seinen Lieblingssessel zurück und sucht in sich drin nach dem Gefühl, in einem neuen Auto zu sitzen und damit seine Lieblingsstrecke zu fahren. Er ist mit seiner ganzen Aufmerksamkeit in diesem Gefühl. Er lässt es entstehen und variiert gleichzeitig damit, indem er etwas hin und her sucht, um das Gefühl allenfalls noch schöner werden zu lassen. Hat er das optimale Gefühl gefunden, vertieft und geniesst er es. Die dabei hochkommenden Gedanken und Bilder nimmt er wahr, ohne sich gedanklich darin zu verhaken. Die Gedanken zeigen ihm die einschränkenden Glaubenssätze, die ihn noch hindern und die er nun, nachdem er aus dem Gefühl bewusst wieder ausstiegen ist, einen nach dem anderen bearbeitet und auflöst. Die Bilder sind mögliche Hinweise auf das neue Auto und so stöbert er danach etwas im Internet und sucht nach Autos, die ihn ansprechen. Dabei formuliert er in Gedanken, die Bedürfnisse, die das Auto abdecken muss; 5 Türen, grosser Stauraum, ökologisch, Allrad etc.,

Beim ins Bett gehen weiss Kurt, nun kommt der schwierige Teil. Der Verstand beginnt sich in die Geschichte einzuschalten. Er will planen, kontrollieren, analysieren und sät dabei tonnenweise Zweifel und Ängste. Ein Vorgehen der alten Zeit, mit dem wir so vertraut sind, dass wir es in aller Regel einfach laufen lassen. Einer der wichtigen Schlüssel der neuen Zeit liegt nun darin, diesen Ablauf von Beginn weg zu stoppen. Also hat Kurt für sich ein Ritual entwickelt, das ihm beim Stoppen hilft; nach dem Stöbern im Internet lässt er seinen Wunsch nach einem neuen Auto los. Er vertraut darauf, dass es geschehen wird und beschäftigt seine Gedanken nun mit anderen Themen.

In den nächsten Tagen sucht er manchmal dieses eine Gefühl in sich drin, im neuen Auto zu sitzen und vertieft es. Er nimmt zudem wahr, wie ihm alles Mögliche zu diesem Thema im Aussen begegnet in diesen Wochen; ein E-Auto, das ihn sehr anspricht. Das Wissen, dass sein neues Auto königsblau sein wird, der Impuls, ein Auto-Konto einzurichten und nun fortlaufend dort einzuzahlen. All diese Dinge erscheinen einfach und er nimmt nur wahr und setzt gegebenenfalls um. Dabei sagt er innerlich „gefällt mir oder gefällt mir nicht", allenfalls auch „ja, aber dies würde noch besser passen" usw. Da ist kein Forcieren, keine innerliche Macht, sondern vielmehr ein lockeres sich entwickeln lassen, aus einer sehr tiefen Verbindung mit dem inneren Ich heraus.

Nach zwei Monaten erreicht Kurt die nächste Hürde. Der Verstand schaltet sich noch einmal ein. Das Ganze geht viel zu lange. Es lässt sich im Aussen nichts wahrnehmen und überhaupt; dieses Vorgehen ist ganz und gar unlogisch. Dies ist vermutlich die grösste Hürde und an diesem Punkt geben auch die meisten dann wieder auf. Wissen hilft; also einfach immer weiter laufen! Die Monate ziehen vorbei und Kurt fährt nach wie vor in seinem alten Auto. Er hat gelernt, dass er alles, was er benötigt, in höchster Qualität erhält und so vertraut er auch noch nach 1,5 Jahren darauf, dass sein neues Auto zur richtigen Zeit auf ihn zukommen wird und beschäftigt sich ansonsten mit seinem restlichen Leben.
Er ist dann trotzdem überrascht, als er plötzlich und völlig ungeplant vor einem königsblauen, wunderschönen, zum Verkauf ausgeschriebenen Auto steht und weiss, das ist jetzt sein neues Auto.

Ein weiterer grosser Stolperstein ist übrigens die Thematik der Finanzen. Sehr oft hast du zum Zeitpunkt des Wunsches die nötigen Finanzen noch nicht zur Hand.
Und ich bin mir bewusst, dass es sich nun sehr naiv und unlogisch liest. Doch du musst dich nicht darum kümmern. Die Möglichkeiten, das nötige Geld in Leichtigkeit und Freude zu generieren, werden auf dich zu kommen und du wirst zum benötigten Zeitpunkt die Finanzen haben.

Du darfst übrigens skeptisch sein. Das war ich auch. Das wirkliche Verstehen und Erkennen geschieht erst, wenn du dich auf den Weg einlässt.

Viele von uns haben einmal selbständig gearbeitet, tun es heute (noch) oder verspüren den Wunsch in sich, es einmal zu tun. Ich kann mir vorstellen, dass die selbständige Arbeitsform zunehmen wird in der neuen Zeit und wir damit auch beruflich zunehmend Meister unserer selbst werden.
Auch hier möchte ich die Thematik mit Hilfe einer Geschichte vertiefen:

Paul ist 55 Jahre alt und arbeitet als Marketing-Abteilungsleiter in einer international tätigen Firma. Es ist eine spannende, aber auch zunehmend nervenaufreibende Aufgabe. Er erlebt sich häufig in der Funktion des Feuerlöschers, muss Dinge anordnen, hinter denen er selbst nicht stehen kann und die kreative Arbeit an der Basis, die fehlt ihm sehr. Und so ploppt sie immer wieder einmal hoch, die Sehnsucht nach einer selbständigen Arbeit. Die Herausforderung besteht jedoch für ihn darin, dass er bereits einmal selbständig war. Mit 40 hat er sich seinen Traum einer eigenen Marketing-Firma erfüllt und diese dann auch 5 Jahre lang geleitet. Es war eine gute und lehrreiche Zeit. Letztendlich jedoch auch eine frustrierende. Er hat nicht so reüssiert, wie er

sich gewünscht hat und ist deshalb wieder in ein Angestellten-Verhältnis gewechselt. Dieses macht ihn jedoch ehrlicherweise auch nicht glücklich. Was ist zu tun?
Folgende Vorgehensweise stellt ein mögliches Handlungsgerüst dar und ich bitte dich, auch so damit umzugehen. Meine beschriebene Variante ist nicht als 1:1 umzusetzendes Rezept zu verstehen. Sondern viel mehr eine beispielhafte Vertiefung, die dich auf wichtige und hilfreiche Aspekte hinweist. Du darfst sie aber natürlich auch so wie beschrieben umsetzen.
Wichtig ist deine innere Entscheidung, dich der Thematik zu stellen. Laufe danach einfach los. Im Wissen um allfällige Knotenpunkte, die dir begegnen könnten. Dabei lässt du dich von deinem inneren Wesen führen; deinen ganz eigenen Weg!

Entscheide dich als erstes, dir selbst treu zu sein und in Zukunft deinem Wesen entsprechend zu leben – in allen Bereichen deines Lebens. Dies, ohne jetzt bereits zu wissen, wie dies konkret geschehen soll. **Jede Realität beginnt mit einer inneren klaren Entscheidung.**
Geht es dir wie Paul und du hast bereits einmal versucht, einen Traum zu leben, hast aber wieder aufgeben müssen, besteht ein möglicher Knotenpunkt darin, dass du dich noch einmal auseinandersetzt mit der damaligen Situation. Dies, mit dem Wissen von heute. Gerade und auch im Wissen um die Prinzipien des Lebens. Du

kannst davon ausgehen, dass sie vermutlich bereits damals in dir gewirkt haben, ohne dass du dir dessen bewusst warst. Zum Beispiel die Tatsache, dass du einmal viel, dann wieder kaum Aufträge hattest. Mal ein äusserst erfolgreiches Geschäftsjahr erlebt hast und im nächsten Jahr dann beinahe eine „Nullrunde". Das ganz normale Prinzip der Dualität. Und wärst du dir dessen schon damals so bewusst gewesen wie heute, hättest du wesentlich entspannter damit umgehen können. Du hättest gewusst, dass du dennoch jederzeit alles hast, was du benötigst und die Firma auch nächstes Jahr noch vorhanden sein würde. Doch es war eine andere, unbewusstere Zeit damals. Du hast dich von deinen Ängsten und Zweifeln (und manchmal auch von Ratschlägen von aussen) leiten lassen und hast vermutlich analysiert und/oder analysieren lassen und mit wurdest mit allen möglichen empfohlenen Business-Strategien unterstützt. Allerdings ohne den von dir erwarteten Erfolg zu erzielen. Erfahrungen, die du gemacht hast, damals. Du hast die Selbständigkeit der alten Zeit noch einmal studiert. In einer Übergangszeit, in der die alten Tools allerdings teilweise bereits ungenügend funktioniert haben. Das hast du innerlich gespürt. Es hat dich frustriert. Du konntest es jedoch nicht in Worte fassen, damals. Und auch keine passende Lösung finden. Also hast du aufgegeben und trägst die Frustration immer noch ein Stück weit mir dir. Doch – du hast dabei

enorm viele Lernerfahrungen gesammelt. Du hast deine Selbständigkeit anhand der gängigen Definition von Erfolg gemessen, damals.
Allenfalls war dies jedoch nicht das Ziel? Vielleicht war damals auch eine Vorbereitung auf heute?
Es kann auch sein, dass du deine Firma über den Verstand gegründet hast. Dass du zum Beispiel eine Coachingausbildung besitzt, eine Marktnische gesucht und gefunden und darauf deine Selbstständigkeit aufgebaut hast. Ein Vorgehen, das funktioniert hat. Bis zu einem gewissen Punkt. Dann hat es dich jedoch ermüdet und ehrlicherweise zunehmend frustriert. Du hast der alten Zeit gemäss, mit dem was du hattest, gewuchert.
In der neuen Zeit bist du diesbezüglich deutlich freier; eine Grundvoraussetzung, die dir sehr viel besser zusagen wird. Du darfst dich voll und ganz auf das verlassen, was in dir ist. Unabhängig von deinen Aus- und Weiterbildungen und deinem beruflichen Werdegang. Schau und horche hin in die damalige Zeit. Vielleicht gab es einschränkende Glaubenssätze, die du hier und jetzt nun auflösen darfst? Welche Lernerfahrungen hast du nun dabei? Wovor hast du Angst beim Gedanken, es erneut zu wagen? Tue dies so lange bis du innerlich weisst, dass du nun alles Nötige aufgearbeitet und gelöst hast, dann bist du bereit für **die nächste Stufe**;

Horche in dich hinein und finde deine Passion. Die Fähigkeit(en), die dir zutiefst Freude bereiten. Deine Kernkompetenzen. Das, was dich beflügelt, dich erfüllt mit Energie, wenn du es tust. Dein Verstand wird dir alles Mögliche anbieten. Lass dich nicht davon ablenken. Es ist nicht das, was du denkst, in aller Regel. Es ist in dir drin. Und hast du es gefunden, wirst du erkennen, es war immer schon da. Logisch, einfach, zutiefst dir und deinem Wesen entsprechend. Doch du hast es nicht erkannt. Bisher. Diese Stufe benötigt etwas Zeit und die Entscheidung, zuzulassen. Du wirst innerlich wissen, wenn du es hast.

Nehmen wir an, Paul ist Marketing-Fachmann und hat all seine Aus- und Weiterbildungen in diesem Bereich absolviert und auch seine damalige Selbständigkeit darauf aufgebaut. Nun, auf Stufe 2 erkennt er plötzlich, dass er tief in seinem Innern Lehrer ist. Ihm fallen in seiner Biographie plötzlich unzählige Situationen auf, in denen er gelehrt hat. Seine Söhne zum Beispiel, oder die Junioren im Handball. Es hat ihn beflügelt und befriedigt wie keine andere Tätigkeit.

Hast du deine Passion, wird dir dein Verstand unverzüglich verschiedenste Möglichkeiten suchen, wie sich dein bisheriger beruflicher Weg allenfalls mit ihr verknüpfen lassen könnte. Lass dich – ganz konsequent – nicht darauf ein. Es sind nur Ablenkungen, die dir hier auf diesem Weg nicht dienen.

Weitere Stolpersteine sind zudem Zweifel. Und auch diese werden vom Verstand generiert: er wird dir sagen, dass du dies ja nicht professionell gemacht hast und deshalb ja auch nicht kannst. Oder dass du keinerlei Ausbildung dafür besitzt und es deshalb in der heutigen Zeit auch niemals möglich sein wird, diese Passion als Beruf auszuführen usw. Lässt du dich darauf ein, fährst du dich in einer Sackgasse geradewegs an die Wand. Also erlaube dir, all die Zweifel einfach links liegen zu lassen. Sie bringen dir absolut rein gar nichts. Ausser dass sie dich klein, ohnmächtig und hilflos machen und zum Aufgeben veranlassen. Ein unglaublicher Filz, diese Zweifel. Hier hilft nur die innere Entscheidung, dass sie sich im Rahmen des Bewusstwerdungsprozesses ersatzlos auflösen dürfen.

Entscheide dich nun, dich auf den Weg, deine Passion zu leben und damit auch deinen finanziellen Unterhalt zu generieren, einzulassen. **Die Erschaffung der Realität benötigt klare, bewusste Entscheidungen deinerseits.** Und dies nicht in der Weise, wie es der Verstand bisher gewohnt war. Du benötigst kein klares Bild des Endzustandes und noch weniger einen genauen Plan, wie du dorthin gelangen wirst. Das sind Strukturen der alten Zeit, sie werden dir nicht mehr dienen. Fälle innerlich eine Entscheidung und lasse sie gedanklich los, damit sie sich, ganz der neuen Energie entsprechend, selbständig dir angepasst entfalten kann. Sie wird es tun.

Vermutlich einfach nicht ganz so, wie du erwartest…

Die nächste Stufe wirst du selbst gestalten. Meine Beschreibungen sollen dir lediglich als mögliche Vorgabe dienen, die du bitte frei und kreativ dir selbst anpasst.
Verbinde dich bewusst mit deinem inneren Wesen und gehe dann ganzheitlich in deine Passion hinein. Da ist ein bestimmtes (oder vielleicht auch mehrere) Empfinden, wenn du lehrst, singst oder was auch immer. Sei ganz in diesem Empfinden, lass es Raum einnehmen in dir selbst. Dann lässt du vor dir eine Realitäts-Blase entstehen und gibst ihr gedanklich eine Überschrift; „ich als Sängerin" z.B. In dieser Blase darf nun – ähnlich einem Film – alles Mögliche entstehen. Auf welchen Bühnen wirst du auftreten? Welche Musikstilrichtung wirst du singen? Mit einer Band oder alleine? Lass kreativ entstehen und dich dabei von deinen Gefühlen (schön – nicht schön) leiten. Jeden Tag. Immer wieder. Steig mit deinem Empfinden und deinen Gedanken in diese Blase hinein und verändere frei und kreativ. Du wirst dabei feststellen, dass du keine bestimmte Vorstellung wirst festhalten können. Die Bilder verändern sich immer wieder. Lass es geschehen.
Das Entscheidende in dieser Phase ist, dass du loslässt. **Komplett loslässt.**
Vielleicht findest du ja mehrere Passionen (malen, singen, kreatives Gestalten am Computer

etc.). Lass für jede dieser Passionen eine Realitäts-Blase entstehen. Wenn du möchtest auch für jeden Bereich deines Lebens (Wohnen, Partnerschaft, Gesundheit etc.). Versuche nicht zu kontrollieren oder fixieren. Du musst hier und jetzt noch nicht wissen, durch welche Blase Geld zu dir fliessen wird. Du musst auch noch nicht wissen, wie das Endprodukt aussehen wird. Es darf sich entwickeln. Dir entsprechend entwickeln. Noch viel besser, als du es mit deinem kognitiven Planen je entstehen lassen könntest.
Realität entsteht in deinem Innern. Jenseits von Verstand. Jegliche Vorgaben und Erwartungen deinerseits stören nur. Lass das „wann" und „wie genau" los.
Und – Realität entsteht aus dem Hier und Jetzt heraus. Du wirst immer weniger für die Zukunft planen können. Musst du auch nicht (mehr).

Ja, und dann entscheidest du dich kongruent dafür, dich selbständig zu machen. Und ein paar Tage später wird dir die Leitungsfunktion, die du immer schon gerne gehabt hättest, inkl. mehr Lohn und einem eigenen Büro angeboten. Viele Menschen sind nun verwirrt, denn laufen sie in eine Richtung, gehen sie davon aus, dass nun auch im Aussen alles klar wird. Das wird es. Nur nicht sofort und auch nicht so wie gedacht. Entscheide ich mich für einen Pol, begegnet mir automatisch der Gegenpol. Das Prinzip der Dualität. Nicht mehr und nicht weniger. Es braucht dich nicht zu verwirren. Es ist auch kein Zeichen vom Himmel, dass deine Entscheidung eine falsche war. Dir begegnet lediglich ein Prinzip des Lebens, das es zu erkennen und wohlwollend zu akzeptieren gilt. Lass dich von deinem Innern führen und überprüfe aus der Verbindung mit deinem inneren Wesen heraus diese neu aufgetretene Option. Ist es tatsächlich nur der Gegenpol, darfst du freundlich lächelnd weiter Richtung Selbständigkeit laufen.

Die wenigsten Menschen erkennen, dass sie ihre Realität laufend gestalten. Allerdings unbewusst und mit dementsprechend unterschiedlichen Resultaten.
Eine weitere Geschichte mag dies aufzeigen:

Es ist Morgen und Monika erwacht mit einem flauen Gefühl im Magen. Dieses blöde Master-Studium. Sie mag nicht aufstehen heute und schon gar nicht arbeiten gehen. Dabei hat sie eigentlich immer mit grosser Begeisterung gearbeitet. Sie hat auch jederzeit gute Rückmeldungen erhalten und war sich bewusst, dass sie gute Arbeit leistet. Doch mittlerweile ist dieser komische Trend aufgetreten. Menschen benötigen ein Masterstudium. Nur so ist die geleistete Arbeit auch qualitativ hochwertig. Monika hat jedoch weder das nötige Geld, noch die bildungstechnischen Voraussetzungen für ein solches Studium. Und in den letzten Monaten fühlt sie sich deshalb zunehmend minderwertig.

Sie hofft zwar, dass ihr Chef sie weiterhin auf Grund ihrer vorzüglichen Arbeit bewertet, trägt jedoch gleichzeitig die Überzeugung (inklusive entsprechendem Grundgefühl) in sich, dass dies, auf Grund ihres fehlenden Masterstudiums nun und auch in Zukunft nicht mehr der Fall ist. Tag für Tag erschafft sie so – unbewusst – eine Realitäts-Blase. Und zunehmend trägt sie Früchte. Im Aussen.

Sie steht dann doch auf und geht zur Arbeit. Ein neues, spannendes Projekt steht an und dessen Leitung wird heute vergeben. Projekte so grossen Ausmasses wurden bisher meist an Monika übergeben. Doch nun, mit der neuen Mitarbeiterin, die ein Masterstudium besitzt, ist sich Monika dessen alles andere als sicher. Ja sie ahnt den Ausgang bereits, der sich dann auch einstellt; die Neue erhält die Verantwortung für das Projekt.

Monika fährt am Ende des Tages frustriert nach Hause. Nach dem Nachtessen tätigt sie ihre monatlichen Einzahlungen. Zahlenmässig sehen ihre Konten, rein objektiv gesehen, eigentlich gut aus. Doch seit einiger Zeit hat Monika dieses Gefühl, zu wenig zu haben. Natürlich ist jetzt gut. Doch man weiss ja nie. Und für wirklich harte Notfälle hat sie eigentlich zu wenig. Das „zu wenig Finanzen-Gefühl" schlägt seine ersten Wurzeln in ihr drin. In den nächsten Tagen fällt sie nun immer wieder in dieses ungute Gefühl hinein. Der Verstand spielt kräftig mit und inszeniert im Kopf frei und kreativ entsprechende Horrorszenarien. Nach einigen Monaten trägt Monika nicht nur die Überzeugung ungenügende Arbeit zu leisten, sondern auch zu wenig Finanzen zur Verfügung zu haben, fest verankert in sich. Ihr Aussen passt sich zunehmend diesen Überzeugungen an.

Und abschliessend noch ein Beispiel aus dem Bereich „Krankheit";
Jürgen leidet seit 10 Jahren an einer degenerativen Arthritis. Er hat vieles versucht in diesen Jahren, geholfen hat jedoch kaum etwas. Und so lebt er nun seit einiger Zeit mit Cortison und starken Schmerzmitteln, die zwar ihre Nebenwirkungen haben, doch er ist dankbar, dank ihnen schmerzarm durch die Tage gehen zu können.
Paul liest dieses Buch. Das Geschriebene erscheint seinem Verstand unlogisch. Doch in seinem Innern ist ein Impuls, eine Art inneres Verstehen. Und da er ja nichts zu verlieren hat, entscheidet er sich für einen Versuch.
Er setzt sich auf seinen bequemen Lieblingssessel und nimmt Kontakt auf mit seinem inneren Wesenskern. Das ist gar nicht so einfach und er bricht den Versuch mehrmals frustriert ab, weil er rein gar nichts spürt, da in sich drin. Doch irgendetwas drängt ihn und so macht er einfach weiter. Und dann plötzlich nimmt er – sehr vertraut – seine innere Stimme wahr. Es ist mehr ein Gefühl. Ein Gefühl, das sehr klar spricht – ähnlich mehreren gelesenen Sätzen. Es lässt sich

nur schwer in Worte fassen, nicht mit dem Verstand ergründen und doch ist es da; klar und deutlich.
Jürgen fragt nun sein Inneres nach der Ursache seiner Krankheit. Und erhält im Laufe der nächsten Tage auch mehrere Themen, die ihm eigentlich längst bewusst waren. Er hat sie jedoch nicht bearbeitet und gelöst all die Jahre. Er entscheidet sich, sich diesen Themen nun zu stellen und durchläuft in den folgenden Wochen einen sehr intensiven und schmerzhaften Prozess. Ihm wird zudem bewusst, dass ihm die Krankheit auf ihre Weise auch ein Stück weit gedient hat; er „konnte" den grossen Garten nicht mehr versorgen, sie „mussten" einen Gärtner beauftragen. Gartenarbeit war ihm seit je her eine Last gewesen. Sie hat ihm nie Freude gemacht. Doch ihr Garten war dermassen gross und komplex, dass er sich seit seiner Pensionierung jeden Tag mehrere Stunden hat darum kümmern müssen.
Zusätzlich sucht Jürgen in sich nach dem Gefühl, in einem gesunden und leistungsfähigen Körper zu sein. Ein wunderschönes Gefühl, das er viele Jahre lang genossen hat. Er war ja eigentlich auch immer gesund bis zum Ausbruch der Krankheit. Jürgen mag das Gefühl und gewöhnt sich an, jeden Morgen vor dem Aufstehen ausgiebig darin einzutauchen. Nach einigen Tagen bemerkt er, dass ihm dies gut tut; die Morgensteifigkeit ist weniger nach diesem Ritual.

Eines Morgens verspürt er den Drang, ins Schwimmbad zu gehen. Er war früher oft und gerne schwimmen. Doch seit Ausbruch der Krankheit hat er aufgehört damit. Plötzlich hat er jedoch diese Wahrnehmung wieder in sich, wie es sich anfühlt, das Wasser auf der Haut. Ein Gefühl, das er geliebt hat. Und so beschliesst er, schwimmen zu gehen. Die Bewegung im Wasser tut ihm gut und so wird schwimmen zu einer häufigen Tätigkeit die nächsten Wochen. Sein Körper wird beweglicher, weicher, so scheint es. Als er den Impuls verspürt, langsam und achtsam die Medikamente zu reduzieren, weiss er; er ist auf dem richtigen Weg.

Viele von uns glauben an das Gute – erwarten jedoch unbewusst das Schlechte. Was du denkst und fühlst, wird wahr. Nicht weil du die „Wahrheit fühlst" wie fälschlicherweise so oft angenommen wird. Sondern weil du mit deinen Gedanken und Gefühlen Realität erschaffst.

Um noch etwas besser von der Theorie in die Praxis zu gelangen und damit du noch besser verstehst.

- Wenn du möchtest;
  Nimm ein Blatt Papier und unterteile es in die für dich wichtigen Bereiche deines Lebens (z.B. Partnerschaft, Familie, Beruf, Haus, Auto etc). Notiere dir nun zu jedem Bereich die Gedanken, die du in den letzten Monaten zu diesem Bereich

gedacht und die Gefühle, die du in den letzten Monaten zu diesem Bereich erfahren hast. Lass dir ein paar Tage Zeit dazu – vervollständige laufend. Dann schau sie dir an, mit der Frage, inwieweit diese Gedanken und Gefühle zu deiner jetzigen Realität mit dazu beigetragen haben. Ist dein Jetzt nicht so wie du dir wünschst, kannst du dir nun natürlich auch überlegen, wie denn deine Gefühle und Gedanken sein müssten, damit deine Realität so wird, wie du sie gerne hättest.

- Wenn du möchtest;
  Achte auf ein Gefühl in dir, das du magst. Zum Beispiel die unmittelbare und ganzheitliche Zufriedenheit, wenn dir etwas gut gelungen ist. Hast du es, so speichere es in dir ab und gehe nun ab und zu ganz bewusst mit deiner Wahrnehmung in dieses Gefühl hinein. Immer wieder einmal. Geniesse das Gefühl der ganzheitlichen Zufriedenheit. Einfach so. Vertiefe es – und beobachte, was sich in den nächsten Wochen in deinem Leben verändert.
- Und noch einmal, wenn du möchtest; Stell dir einen Wecker, der sich stündlich meldet. Nimm dann wahr, was du gerade denkst und was du jetzt gerade fühlst. Über dich, über dein Leben, dein Jetzt. Sind sie kongruent, Gefühle und Gedanken?

Wir lassen sie viel zu oft frei laufen, unsere Gedanken und Gefühle. Wir sind uns zu wenig bewusst, wie sehr sie unser Leben prägen. Und so möchte ich dich ermutigen, dich mit dieser Thematik bewusst auseinander zu setzen und gleichzeitig zum Beobachter deiner selbst zu werden. Unbewusst laufende Gedanken und Gefühle entstehen oft aus unserem inneren Filz aus Glaubenssätzen, Erfahrungen, Interpretationen, Erwartungen anderer Menschen, Normen und Werten. Manchmal laufen die immer selben Gedanken- und Gefühlsmuster ab, die immer wieder dasselbe generieren. Unabhängig davon, ob das Umfeld ein neues ist. Dies lässt sich nur ändern, wenn ich mir in einem ersten Schritt bewusst werde, was da abläuft in mir drin.

Du spürst vielleicht; es geht Schritt für Schritt darum, die Verantwortung zu übernehmen. Und dies beginnt damit, dass du die Verantwortung für dein jetziges Leben übernimmst. Sehr ehrlich erforschst, was dein eigener Anteil am Jetzt ist. Mit welchen Gedanken und Gefühlen du dein Hier und Jetzt erschaffen hast. Dabei wirst du nicht immer Antworten finden. Das ist o.k. Ich gehe davon aus, dass wir irgendwann einmal fähig sein werden, unsere Realität vollumfänglich und bewusst zu erschaffen. Wir befinden uns allerdings – noch – in einer Art Bewusstwerdungsphase und somit

Übergangszeit. Zudem sind da noch alte Kammern und unser inneres Wesen führt uns immer wieder einmal in Situationen, um zu lernen und erfahren. Und so geht es derzeit vermutlich eher darum, das Prinzip grundsätzlich zu erfassen, um es dann zunehmend erfolgreich auch anzuwenden.

Noch ein paar Worte zum Thema Marketing in der neuen Zeit. Du darfst dich freuen, Marketing wird einiges einfacher! Du musst keine Mailings mehr verschicken, keine Flyer mehr verteilen, keine Plakate aufhängen. Alles, was du tun darfst, ist richtig gute Arbeit zu leisten. Jeder zufriedene Kunde, der in Gedanken und Gefühlen positiv und lobend über dich fühlt resp. denkt, strahlt dies energetisch aus. Und zieht dadurch Kunden zu dir. Wichtig dabei ist, dass du selbst ganzheitlich kongruent weisst, dass deine Kunden von deinem Produkt profitieren und grundsätzlich positiv fühlst und denkst über dich als Anbieter und deine Produkte. Bist du selbst unsicher, spüren das deine potenziellen Kunden und suchen sich jemand anderen.

Du darfst dich entspannen, denn letztendlich dient dir alles, was dir begegnet und/oder um dich herum ist, in irgendeiner Weise.
Wie meine ich das?
Wir verstehen unter „dienen" üblicherweise, dass uns (klar erkennbar) Gutes, Schönes und Unterstützendes gegeben oder Schwieriges und

Unschönes abgenommen wird. Dies ist jedoch eine sehr begrenzte Wahrnehmung: alles was dir begegnet oder um dich ist, dient dir. Schwierig? Als Beispiel: Erlebst du Mangel in der Liebe? Erlaube dir nun, dich zu fragen, in welcher Form und auf welche Weise dir dieser Mangel dient. Es könnte zum Beispiel sein, dass dir plötzlich bewusst wird, dass du ganz tief in dir drin Mühe hast, dich auf einen neuen Mann einzulassen. Dich hat noch jeder Mann verletzt. Ganz ehrlich, weshalb soll es bei einem nächsten anders sein? Der Mangel dient dir. Er schützt dich vor erneuten Verletzungen. Möchtest du Fülle in der Liebe haben, wirst du hier noch einmal hinsehen und lösen dürfen.

Noch ein Beispiel: dein Job wurde gekündigt. Du bewirbst dich laufend - ohne Erfolg. Dein Inneres dreht im roten Bereich und dein Verstand liefert dir laufend irgendwelche Horrorszenarien. Er sieht dich bereits auf dem Sozialamt und erklärt dir, dass ein Mann um die 50 ohne Hochschulabschluss nun wirklich kaum mehr Chancen auf dem heutigen Arbeitsmarkt hat etc. Die Situation hier und jetzt dient dir. Horch in dich hinein. Ist da nicht schon seit Jahren dieser Traum in dir drin, selbständig zu arbeiten? Du wüsstest sogar, wo genau du dein (kleines) Geschäft haben möchtest.....

Verstehst du, was ich meine? Alles in deinem Hier und Jetzt dient dir. Offensichtlich oder auch nicht. Dort, wo du den Sinn nicht erkennen kannst und die Situation grundsätzlich auch

gerne geändert hättest: horch in dich hinein. Lass dir die Antwort in deinem Innern geben. Du wirst sie erhalten.
Und – du wirst von deinem Inneren geführt werden in den nächsten Schritten.
Wir tragen tief in uns die Vorstellung davon, dass wir uns Glück und Gutes schwer erarbeiten müssen und Entwicklung mittels harten Prüfungen geschieht. Dass wir durch tiefe Täler laufen müssen, um in die Höhe zu gelangen usw. Lass sie alle los, diese – veralteten – Glaubenssätze. Sie sind nicht mehr aktuell. Die neue Zeit ist eine mühelose und schöne. Es wird dir gelingen. Einfach so. Du darfst dich freuen.

→**Stufe 3:** Sei dir bewusst; du erschaffst deine eigene Realität, du kreierst deinen Tag heute. Im wahrsten Sinne des Wortes.

4. Entscheide dich selbst
Selbstermächtigung bedingt, dass DU entscheidest. Jederzeit.
Wir Menschen wären eigentlich souveräne Wesen. Wir sind uns dessen allerdings manchmal zu wenig bewusst und lassen dementsprechend wiederholt unbewusst über uns entscheiden.
Es gibt einige subtile Verhaltensweisen und Normen, die die Fähigkeit des Entscheidens beeinträchtigen können.

Da ist zum einen die Situation, dass wir häufig vor mehreren Optionen stehen. Viele Menschen lieben die Auswahl und haben sich angewöhnt, sich möglichst viele Varianten so lange wie möglich offen zu halten. Ein Verhalten, das ein Gefühl von Freiheit auslöst, resp. die Illusion von Freiheit entstehen lässt. Ich schreibe bewusst Illusion. Denn, während ich im Gefühl der Freiheit schwelge und dabei quasi auf der Wartebank sitze und abwarte, ob sich gar noch eine weitere Option zeigt, nimmt mein Umfeld aktiv Einfluss auf das Resultat. Ein Resultat, das dann logischerweise nicht wirklich so von mir entschieden wurde und mir somit auch nicht immer optimal dient.

Wenn ich nicht entscheide, entscheiden andere. Über mich, Aspekte meines Lebens, mein Jetzt und meine Zukunft. Jede einzelne Situation, in der nicht ich entscheide, unterbindet meine Selbstermächtigung. Es mag dir allenfalls etwas überbetont erscheinen und so möchte ich dich einladen, die Thematik in deinen nächsten Tag mitzunehmen und damit etwas zu vertiefen:

- Wie oft lässt du deine Partnerin/deinen Partner für euch und damit auch für dich entscheiden?
- Wie oft läufst du im beruflichen Alltag einfach mit der Masse mit?
- Wie oft sind es Normen (z.B. dem anderen helfen), Muster (z.B. Mittags warm essen) und Glaubenssätze (z.B. der

Chef hat immer Recht) die deine Entscheidungen ausmachen?
- Wie oft entscheidest du dich zum Wohle von anderen?
- Wenn du ganz ehrlich bist; wie viele deiner Entscheidungen heute waren ganz und gar die deinen?

Viele Optionen erfreuen unseren Verstand. Er tut dann, was er am liebsten tut; er analysiert. Unser Verstand liebt Optionen. Sie erhöhen die Komplexität. Und damit lässt sich gedanklich stundenlang verweilen. Oft ohne klares und sicheres Resultat. Eine Vorgehensweise der alten Zeit, die uns oft überfordert hat in ihrer Vielfältigkeit, ehrlicherweise. Über den Verstand lassen sich nie alle Eventualitäten erfassen und damit blieb jede Entscheidung immer auch mit einer gewissen Unsicherheit verhaftet. Vielleicht ist dies einer der Gründe, weshalb sich manche Menschen schwer tun mit Entscheidungen und manchmal gar froh sind, wenn andere sie treffen.
Der Blick auf verschiedene Optionen lenkt den Fokus nach Aussen und dabei weg von mir. Lenke ich meine Wahrnehmung dann zusätzlich auf den Verstand, habe ich die Verbindung zu mir selbst ganz verloren, was es sehr schwierig macht, die eine mir wirklich entsprechende Variante zu wählen.
Ich benötige keine sieben Optionen für eine gute und weise Entscheidung. Ich benötige lediglich

eine intakte Verbindung zu meinem inneren Wesen. Bin ich in dieser innigen Verbindung, weiss ich im Hier und Jetzt die eine für mich richtige Entscheidung. Und darf somit die gesamten allfälligen Optionen getrost weglassen. Sie haben im Moment nichts mit mir zu tun. Weshalb soll ich darüber nachdenken?
Das Leben wird so viel einfacher, wenn du nicht mehr über Entscheidungen nachdenken musst. Da ist nichts Magisches, nichts Komplexes dabei; Aus der Verbindung mit deinem inneren Wesenskern heraus weisst du die Entscheidung. Mühelos und leicht. Jetzt.

Da ist zudem die Angst vor Fehlern. Fehler meint laut Wikipedia „ein nicht Erreichen einer Anforderung und/oder Erwartung". Wir definieren somit ein Resultat, das nicht unseren Erwartungen entspricht und/oder jemand anderen irritiert als Fehler. Dabei fokussieren wir auch in diesem Bereich nur einen kleinen Puzzleteil eines ganzen Bildes. Ein weiterer Puzzleteil besteht darin, dass ich - rein sachlich gesehen – mit dem Resultat eine Erfahrung gemacht habe. Es mag durchaus sein, dass es kein schönes Erlebnis war. Doch vielleicht war es für meinen weiteren Weg eine sehr hilfreiche Erfahrung, die mir bis heute dient. Du kannst vielleicht zum jetzigen Zeitpunkt auch noch nicht alle Puzzleteile sehen und noch nicht abschätzen, ob sich der vermeintliche Fehler nicht langfristig als Segen herausstellen wird etc.

Du bist immer richtig unterwegs. Der Drang nach besser und optimaler, der die Thematik „Fehler" oft unterlagert, ist eine Verhaltensweise der alten Zeit und du darfst ihn getrost ignorieren. Du bist bereits gut und verhältst dich jederzeit richtig.
Auch hier ist es erneut der Verstand, der mit seinem Hinterfragen und Zweifeln unendlich viel Zeit und Kraft verpufft. Ohne dass irgendwem gedient wäre damit.
Lass Zweifel los. Bist du in Verbindung mit deinem inneren Wesenskern, bist du richtig, jetzt. Auch das Konstrukt „Fehler" darfst du loslassen, wenn du möchtest. Die neue Zeit ist eine Zeit, in der du gute und wohltuende Erfahrungen machen darfst.

Die Angst vor möglichen Fehlern führt uns in vielfältige Abhängigkeiten, ohne dass wir uns dessen bewusst sind. Sie lässt uns unter anderem zu allen möglichen Fachmenschen gehen, denen wir dann die Entscheidungen überlassen. Damit geben wir nicht nur unsere Souveränität ab, wir erleben auch wiederholt leidvolle Erfahrungen. Denn Entscheidungen von anderen Menschen für mich und mein Leben sind oft keine wirklich guten Entscheidungen. Weshalb soll ein Mensch, selbst wenn er ein Fachmensch ist, die Fähigkeit haben, richtig für mich zu entscheiden? Natürlich ist es sinnvoll, bei Bedarf Informationen und/oder Empfehlungen einzuholen. Die

Entscheidung muss allerdings jederzeit bei mir selbst bleiben.
Wir wurden nie gelehrt, unserem inneren Wesen zu vertrauen und leben deshalb in einer sehr unsicheren Situation. Unsicherheit fühlt sich unschön an und lässt uns nach Sicherheit suchen. In der Regel im Aussen. Dort wirst du sie jedoch nicht wirklich finden. Die Sicherheit ist in dir drin. Sie liegt in der Verbindung mit deinem inneren Wesen. Und so lässt sich nicht genug betonen, wie wichtig es ist, diese innige Beziehung herzustellen und die Verbindung zum eigenen inneren Wesen jederzeit offen zu haben. Mit der Zeit wirst du immer mehr vertrauen. Denn du wirst erkennen; du wirst jederzeit richtig geführt. Zu deinem Besten und Höchsten.
Es sitzt uns meist noch in den Knochen, betrogen zu werden. Sogar von uns selbst. Du darfst sie nun loslassen, diese Angst, dass dein inneres Wesen dich in Situationen führen wird, die dir schaden. Dein Inneres ist zutiefst integer. So sehr für dich und dein Bestes, wie du dir vermutlich gar nicht vorstellen kannst. Lass dich auf diese innige Beziehung mit dir selbst ein. Und du wirst mehr und mehr verstehen. Mehr und mehr unabhängig. Und sicher. In dir.

Im Zusammenhang mit Entscheidungen hat unsere Gesellschaft zudem eine Norm entwickelt, die sich mit gesundem Menschenverstand betrachtet nur als masochistische Grundhaltung bezeichnen lässt und so scheint mir, ihr Ablaufdatum nun ebenfalls erreicht haben sollte. Die Norm besagt: Entscheidungen, die einmal gefällt wurden, sind über Jahre (oder mindestens eine ausreichende Zeit) aufrecht zu erhalten, selbst wenn sie nicht mehr gut tun oder gar schaden. Unzählige Menschen beugen sich dieser Norm. Vermutlich können sie nicht einmal sagen weshalb. Sie haben nie darüber nachgedacht, nehme ich an. Sonst würden sie es vermutlich nicht tun. Denn; alles was du erlebst, sind Erfahrungen. Gute und andere. Und entdeckst du, dass deine Entscheidung dir nicht gut tut, hast du jederzeit die Freiheit, dich erneut zu entscheiden - für etwas anderes.

Wir beugen uns manchmal Normen, wie z.B. von Ehre und Verpflichtung, aus einer Verknüpfung mit einer Idealidentität heraus, die wir – auch – in uns haben. Dies gibt uns das Gefühl, Dinge richtig zu tun und/oder selbst richtig zu sein. Gute Gefühle also. Haben wir jedoch die Gnade, dahinter zu schauen, lässt sich erkennen; ist unser Verhalten von Normen gesteuert, lässt uns dies abhängig sein und manchmal gar Opfer dieser Normen werden. Lass all deine Normen und Vorstellungen los, eine nach der anderen - du brauchst sie nicht mehr. Du BIST gut und benötigst keine guten Gefühle mehr.

Ein weiterer Stolperstein diesbezüglich kann zudem die gedankliche und gefühlsmässige

Verknüpfung „wenn ich mich selbst ernst nehme und für mich entscheide, schädige und/oder verletze ich andere" sein. Ein Glaubenssatz, der sich in vielen von uns äusserst hartnäckig verhangen hat. Wir schaden lieber uns selbst als anderen. Also entscheiden wir, im Dilemma, zum Wohle der anderen. Hier hilft dir nur die bewusste Entscheidung, dass sich der Satz auflösen darf. Zum Wohle von dir und den anderen. Hier muss dir dein inneres Wesen helfen. Alleine wirst du es kaum schaffen.

Hör auf zu werten. Hör auf, dich selbst zu (be)werten. Du bist richtig, genau jetzt in diesem Moment. Du machst Erfahrungen, lernst fortlaufend. Alles was ist, darf sein, ohne jegliches Gefühl von Fehlern und/oder Schuld. Fehler und Schuld sind Konstrukte der alten Zeit. Konstrukte, die die Menschen klein, abhängig und manipulierbar halten. Du darfst sie getrost loslassen, nun. Du brauchst sie nicht mehr. Sie hindern dich nur auf dem Weg zur Selbstermächtigung. Sie hindern dich nur, jederzeit selbst zu entscheiden.

Ja, und dann beginnst du frisch-fröhlich zu entscheiden. Jedes kleinste Detail deines Lebens ☺

→**Stufe 4:** Du entscheidest! Jederzeit und in jedem einzelnen Bereich deines Lebens.

5. Erlaube dir, frei zu sein

Die letzten Jahrzehnte, vielleicht auch Jahrhunderte, scheint eine Art Schleier über uns Menschen gehangen zu sein. Viele von uns waren ein Stück weit wie Schafe, die dumpf in der Masse mitlaufen. Wir haben uns vor Reichen und Mächtigen gebeugt. Waren abhängig von Göttern, Gesetzen, Normen, Glaubensmustern, Wohlwollen der Gruppe und deren Führer. Manipulierbar über Schönrederei, Geld, Liebesentzug, Angst, Schmeichelei usw.
Wir hatten verlernt, resp. uns wurde regelrecht verlernt, selber zu denken. Dinge grundsätzlich zu hinterfragen. Unsere ganz eigenen Gedanken und Überzeugungen zu haben und diese jederzeit auch wieder zu verändern, unabhängig vom Denken der Gruppe, Familie oder der Gesellschaft.
Nun lichtet sich der Schleier mehr und mehr. Menschen beginnen zu hinterfragen. Sie erlauben sich, selbst zu denken und selber über ihr Leben zu entscheiden. Welche wunderschöne Entwicklung!!

Alles was du je gelesen hast und noch lesen wirst – es prägt dich. Dein Denken. Deine Realität. Sei dir dessen bewusst. Und erlaube dir, jeden einzelnen Satz zu hinterfragen. Zu prüfen, ob er deiner Wahrheit entspricht, dich wohltuend und befreiend unterstützt und dich in Freiheit und Selbstermächtigung führt. Nimm dir die Freiheit, bestehende Überzeugungen jederzeit loszulassen, wenn sie dir nicht mehr gut tun und/oder dich einengen. Dies gilt auch für sämtliche Erklärungsmodelle. Sie sind immer nur ein relatives Konstrukt. Du hast die Freiheit, sie aufzulösen. Weiter zu denken. Neue zu entwickeln. Jederzeit.

In unserer westlichen Gesellschaft wird der Zugang zum eigenen inneren Wesen nicht gelehrt. Viel mehr sogar, so mancher von uns wurde im Rahmen des Erziehungsprozesses bewusst „gebrochen", wir wurden in Normen gepresst und gelehrt, den Starken, Mächtigen und Gebildeten zu vertrauen, nicht aber uns selbst.
Das macht uns als Individuum, aber auch als Masse unglaublich manipulierbar.
Und – wir sind in hohem Masse unfrei.

Wir sind manipulierbar über:
- Dinge und Personen, die wir „brauchen", damit es uns gut geht
- Angst
- Ansichten, wie etwas zu sein oder zu geschehen hat
- Normen (eigene und fremde)
- Vorstellungen davon, was wir brauchen, uns gut tut
- Verträge/Abmachungen
- „Gute Gefühle" die wir erreichen über:
    - Geld einsparen
    - Sport machen

- Leistung erbringen
- Sich etwas Schönes kaufen, etwas Gutes gönnen
- Sich den eigenen inneren Werten und Normen entsprechend verhalten
- Sich den gesellschaftlichen und familiären Werten und Normen entsprechend verhalten

Mir geht es nun nicht darum, dass du aufhörst, diese Dinge zu tun. Mir geht es vielmehr um deine zunehmende Bewusstheit. Dass du diese Thematik mit in deinen Alltag nimmst. So lange du „brauchst", was auch immer, bist du unfrei. So lange du gewisse Dinge grundsätzlich tust, weil es der gesellschaftlichen Norm entspricht, bist du manipulierbar. So lange es dir nur gut geht, wenn du gewisse Dinge hast (Kaffee, Sonne etc.) bist du abhängig. Erlaube dir, schöne Dinge und/oder die Gegenwart bestimmter Menschen zu geniessen, ohne sie zu brauchen. Erlaube dir, nichts zu haben und nichts zu sein und dennoch vollkommen in dir zu ruhen. Lerne auch mit wenig zu können. Im Wissen, dass du gleichzeitig in Fülle lebst. Halte ich fest an gewissen Vorstellungen von dem, was ich brauche, macht mich dies unfrei und nicht selten abhängig. Vertraue darauf, dass du jederzeit alles hast, was du brauchst, ohne fixe Vorgaben deines Verstandes.

Sei achtsam und erkenne. Und dann löse dich von allem und jedem. Bewusst und liebevoll. Die Fähigkeit loszulassen und die Fähigkeit zu vertrauen (deinem Inneren) sind die beiden wichtigsten Schlüssel in dieser Zeit!
Du wirst jederzeit alles haben, was du brauchst (versus dem was du denkst, das du brauchst ☺) und das meiste, was du losgelassen hast, wird bei dir bleiben oder wieder zu dir zurückkehren – in Freiheit.
Während du diese Zeilen gelesen hast, kann es sein, dass Angst und Widerwillen in dir hochgekommen sind. Vielleicht auch ein (alter) Glaubenssatz „wenig gleich gut" oder „nichts besitzen gleich heilig und oder spirituell". Dies war hier nicht gemeint. Ich trage die Überzeugung in mir, dass wir alle alles in grosser Fülle haben. Darüber jedoch weiter unten. Was ich hier ansprechen möchte; jeder Abschnitt, den du liest und der dich irritiert → leg das Buch weg und widme dich der Irritation. Nicht über deinen Verstand, sondern via dein Inneres. Jede Irritation, die dir begegnet, ist ein Thema, das von dir bearbeitet und aufgelöst werden möchte.

Löse dich genauso bewusst von sämtlichen familiären Bindungen. Löse sie, eine nach der anderen. Achtsam und liebevoll. Aber löse sie. **In dir drin**. Nicht im Aussen, das musst du nicht tun. Es bewusst in dir selbst zu tun genügt.
Familien sind oft ein unglaublicher Filz an Normen/emotionalen Verpflichtungen und

Manipulationen – das hat nichts mit Liebe zu tun und macht dich unfrei. Oft halten dich Familienbande zudem klein und in engen, starren Settings fest und verhindern dein Werden zu der, die du bist (was unter Umständen überhaupt nicht zur Familiengeschichte oder den Familiennormen passt). Und so lange du zum Beispiel im Rahmen einer Partnerschaft „jemandem gehörst" bist du unfrei.
Wenn du in einer Hier und Jetzt-Entscheidung sämtliche Familienbande löst, wirst du weiterhin Kontakt haben mit deiner Familie. Doch du bist nicht mehr verhangen. Nicht emotional, nicht energetisch. Du wirst den Unterschied spüren.

Genauso verhält es sich übrigens mit Gruppen-Identitäten. Sie mögen dir ein Zugehörigkeitsgefühl geben, das gute Gefühle in dir auslöst. Gleichzeitig binden sie dich jedoch auch in viel höherem Masse, als du dir bewusst bist. Auch hier lohnt es sich, zu lösen und gleichzeitig nach wie vor Gruppenmitglied zu sein. Falls dies in einer freien Form möglich ist.

Leid, Schmerz, Angst – höchstwahrscheinlich schon beinahe Dauerthemen in deinem Leben, seit Monaten und vermutlich noch einige Zeit weiter. Du wirst sie einerseits durchleben müssen. Andererseits wirst du jedoch zunehmend erleben, dass du sie auch überwinden kannst. Dich quasi über sie hinweg schwingen. Leid und Schmerz ziehen dich stark in deinen Körper, in dein irdisches Sein, in einer sehr dichten Form. Es kann hilfreich sein, wenn du genau in solchen Situationen in deinen inneren Wesenskern hineinsteigst und dich aus dieser Perspektive ein Stück weit energetisch selbst unterstützt.

Freiheit ist eine innere Geschichte. Erst wenn im Aussen wirklich alles sein darf: viel Geld – wenig Geld, eng – weit, alleine – gemeinsam, Leben – Sterben, empfangen – loslassen, gut – böse, Kontrolle – Kontrollverlust, erst dann bist du frei. Dies bedingt wiederum eine sehr innige Verbindung mit deinem inneren Wesen. Damit du loslassen kannst, musst du sehr gut verwurzelt sein in dir selbst.

Ziel ist es, Meister deines Lebens zu sein. Frei, unabhängig, selbstbestimmt. Jenseits von Normen, die irgendwelche Menschen einmal definiert haben. Frei von gemachten Erfahrungen, die dir in den Zellen sitzen und deine Erwartungen prägen und damit deine Zukunft bestimmen. Frei von scheinbar sicherheitsgebenden Settings, die dich doch in Wahrheit einengen, klein halten und eine freie, grosszügige und weite Entfaltung verhindern. Und nun – liegt es an dir, wie du damit umgehst. Möchtest du in diese grenzenlose Freiheit? Möchtest du den Schritt über die Linie gehen? In diesem Land der unbegrenzten Möglichkeiten leben? Höchstwahrscheinlich wird sich nun in dir

Widerstand regen, vielleicht auch Angst. Die Gedanken beginnen sich zu drehen und versuchen Sicherheit zu generieren. Alles völlig verständlich. Doch ich sage dir; diese Verhaltensweise ist wie ein Gummiband. Es zieht dich zurück in scheinbar sicheres Gewässer. In das dir so vertraute Land, in dem Normen, Vorgaben, Überzeugungen vorgaukeln, Halt zu geben. In dem du in etwa weißt, was dich wann erwarten wird. Begrenzt, klar, sicher.
Wir haben so viel Schwieriges erlebt in unseren Leben, wurden missbraucht, hintergangen, ausgenutzt. Das hat uns geprägt und macht es nun schwierig, zu vertrauen, dass da dieser innere Wesenskern in uns ist, der uns sicher und richtig führt. Wir wollen rein verstandesmässig an eine gute Zukunft glauben, doch unbewusst erwarten wir Schwierigkeiten, Rückschläge und Böses. Wir können uns nicht kongruent vorstellen, dass uns tatsächlich Gutes erwartet. Unermesslich viel Gutes. Dieses Hin und Her, diese Herausforderung dem Guten vertrauen zu lernen, obwohl ich dem Leben tief in mir misstraue, ist absolut verständlich und normal. Du musst nun auch nicht forcieren. Einfach immer weiter gehen. Schrittchen für Schrittchen. Bewusst immer wieder in deinen inneren Wesenskern hineinfühlen, mit ihm sprechen (auch mal diskutieren) und dabei feststellen, dass er dir auf seine ganz eigene Art antworten wird. Vertrauen muss auch entstehen können. Und je länger und bewusster du mit deinem

inneren Wesen unterwegs bist, umso mehr wird dies geschehen.

Es bist immer du, die entscheidet. Entscheide dich für das Weitergehen. Dies wird immer wieder Angst auslösen. Das macht nichts. Es ist nur Angst. Dir wird nichts Böses geschehen, niemals. Alles und Jedes, das dir geschieht, begegnet dir zu deinem Besten. Restlos. Auch wenn du es manchmal „innerlich etwas drehen und wenden musst", bis du das Geschenk dahinter entdeckst.

Vergib allen anderen, aber am meisten auch dir selbst. Und dann lass die Vergangenheit hinter dir!

Wenn du A „tun musst" um B zu erreichen, bist du unfrei. Erlaube B, in dein Leben zu treten. Jetzt. Grenzen- und bedingungslos. Ohne jegliche Vorgabe an das Wie.
In unserer Gesellschaft sind so viele falsche, krankmachende und begrenzende Glaubensmuster verankert. Dabei ist die Wahrheit so einfach: Es ist alles da. Mehr als genug. Und es gehört längst dir. Du musst es dir nur selbst wert sein. Dir selbst erlauben, dass was immer du dir wünschst, zu dir kommen darf. Ohne dass du es dir erarbeiten musst. Einfach weil du bist, der du bist.

Du bist ein geistiges Wesen in einem menschlichen Körper. Du bist – eigentlich – komplett frei. Alle Begrenzungen sind in deinem Kopf, letztendlich.

→**Stufe 5:** Erlaube dir, frei zu sein.

6. Sei dir der Prinzipien des Lebens bewusst
1. Du bist ein geistiges Wesen in einem menschlichen Körper und hast dabei sowohl ein göttliches als auch ein menschliches Bewusstsein

Dabei hast du viele Leben lang als menschliches Bewusstsein in einem menschlichen Körper gelebt und die beiden anderen Aspekte vergessen. Dies hat unsere Leben klein, abhängig, oft auch schmerzhaft und dunkel, aber ein Stück weit auch vorhersagbar und übersichtlich gestaltet. Es war letztendlich ein Experiment. Ein Experiment, um Erfahrungen zu machen, die wir sonst nicht hätten erleben können. Ein Vorgehen, das vermutlich ursprünglich als bereicherndes Abenteuer geplant wurde. Viele von uns jedoch ehrlicherweise mittlerweile hat müde werden lassen. Unendlich müde. Eine Müdigkeit, die nicht wenige eine latente Todessehnsucht in sich tragen lässt. Die Sehnsucht nach der anderen, leichten, schönen Welt, die wir zunehmend wahrnehmen können. Wir haben sie so satt,

diese Dichte. Das Dunkle, Enge, Abhängige, Schmerzhafte und Leidvolle. So unendlich satt!!
In den letzten Jahren werden sich nun immer mehr Menschen der beiden anderen Aspekte, die ebenfalls zu ihnen gehören bewusst. Wir sind nicht nur menschlich. Wir sind – auch - ein geistiges, unsterbliches Wesen, das die Essenz aller je erfahrenen Leben in sich trägt. Wir verfügen zudem über ein heiliges, integres und göttliches Bewusstsein. Beide Aspekte sind ebenfalls Ich.
In dieser jetzigen Übergangszeit beginnen sich die beiden vergessenen Aspekte zunehmen zu zeigen und alle vier zusammen beginnen sie einen Tanz der Verschmelzung und Integration. Ein Tanz, der dein Leben verändert:
Dein menschlicher Körper trägt die unverarbeiteten Reste deiner Leben auf diesem Planeten in sich, aber auch die ungelösten Themen und Energien deiner beiden Ahnenlinien. Von all diesen Dingen löst er sich nun. Dies spürst du oft schmerzhaft (siehe auch Kapitel 1), aber auch dadurch, dass du phasenweise körperlich sehr reduziert und/oder sehr müde bist. Dein Körper leistet Schwerstarbeit zurzeit. Kein Wunder, benötigt er nun immer wieder Zeiten, in denen du viel ruhst und/oder schläfst. Längerfristig wird er sich jedoch dorthin verändern, dass er deutlich weniger Schlaf als bisher benötigen wird. Etwas, das du phasenweise bereits jetzt erlebst. Die kurzen Nächte bereiten allerdings den meisten

Menschen eher Sorgen, als dass sie sich darüber freuen könnten. Die alten Muster und Normen sind noch viel zu sehr in unseren Köpfen verhangen. Zeit somit, sie alle loszulassen und sich auf das Hier und Jetzt deines Körpers einzulassen. Manchmal erschöpft und viel Erholung benötigend und manchmal auch noch in der Nacht voller Energie und Tatendrang. Du wirst keine Muster ausmachen können. Versuche erst gar nicht zu kontrollieren. Lasse zu, was ist, hier und jetzt. Ohne zu werten und einordnen zu wollen. Gewöhne dir an, einen fürsorglichen Umgang mit deinem Körper zu pflegen. Höre gut auf ihn und gib ihm das, was er jetzt gerade benötigt. Ohne ihm irgendetwas aufzwingen zu wollen.

Wie der Schlaf, so verändert sich auch das Essverhalten. Phasen, in denen der Körper grosse Nahrungs-Mengen zu benötigen scheint, wechseln sich ab mit Phasen, in denen du tagelang kaum Hunger verspürst. Auch da hilft es, wertfrei mit dem mit zu gehen, was gerade ist. Bei vielen verändern sich zudem die Vorlieben. Manche mögen kein Fleisch mehr, ja bewegen sich zunehmend Richtung vegan. Andere spüren, dass sie gerade Fleisch benötigen, damit es ihrem Körper gut geht. Richtig ist immer, was hier und jetzt in dir richtig ist.

Vielleicht kannst du zudem gewisse grundlegende Veränderungen bereits wahrnehmen:

- Die Selbstheilungskräfte werden grösser. Selbst grössere Verletzungen heilen innerhalb kurzer Zeit problemlos ab. Und dies, ohne dass du etwas dazu beitragen musst.
- Du reagierst deutlich sensibler auf Medikamente.
- Dein Körper reagiert mit all seinen Sinnen sensibler; dein Gehör wird viel besser, du riechst Gerüche, die niemand sonst wahrnehmen kann, empfindest selbst als allgemein mild geltende Speisen noch überwürzt, siehst plötzlich auch ohne Brille und liebevolle, sanfte Berührungen wecken eine reine Sinnesorgie in dir drin.
- Dein Körper fühlt sich lichter und leichter an irgendwie.
- Manchmal scheint er vor Erschöpfung regelrecht zu kollabieren, so dass du kaum die Treppen hochsteigen magst. Am nächsten Tag kannst du locker leicht und in hohem Tempo eine Stunde lang joggen. Etwas wofür du früher mehrere Wochen hast trainieren müssen.

Wenn du es zulässt, passt sich dein Körper zunehmend deinem inneren Wesenskern an. Und – er löst sich aus deiner Ahnenlinie. Etwas, was sich unter anderem dadurch zeigen kann, dass sich dein Gesicht etwas verändert und somit zum Beispiel nicht mehr so aussieht wie das Gesicht deiner Mutter. Oder, dass du erblich bedingten Krankheiten nicht mehr ausgeliefert bist.

Es gibt eine Übergangsphase, da rotiert **dein menschlicher Verstand** wie wild. Er sucht nach Erklärungsmodellen, will verstehen, einordnen und kontrollieren können. Und überfordert sich dabei. Und dich mit. Solltest du dich in dieser Phase befinden, ist es hilfreich, dem Verstand Ruhe zu gönnen resp. ihn zur Ruhe zu befehligen. Er kann nichts tun im Moment. Einige Zeit später wirst du feststellen, dass dein Denken ruhiger und klarer geworden ist. Es ist nun mehr und mehr integriert und dient dir auf eine xfach leistungsfähigere Art als bisher.

Dein **geistiges Wesen** entfaltet sich nun fortlaufend. Dies kannst du unter anderem dadurch feststellen, dass du manchmal die Wahrnehmung hast, Licht zu sein. Dein ganzes Wesen wird sanfter und liebevoller. Du strahlst zunehmend eine Liebe und Schönheit aus, die deine Mitmenschen wahrnehmen, ohne dass sie dies in Worte fassen könnten. Sie beginnen unwillkürlich zu lächeln, wenn sie dir in die Augen sehen, suchen deine Nähe, manche berühren dich auch.
Dein geistiges Wesen ist komplett wertfrei. Es spürt keine Schmerzen und unterteilt nicht in angenehm oder unangenehm. Es kennt keine Sorgen und Ängste und hat keine Ahnung von all den weltlichen Dingen und Aufgaben, die du

nach wie vor zu erledigen hast. Das Geistige und Göttliche ist nicht höher und nicht besser als das Menschliche. Dieses Denken ist ein Konstrukt der alten Zeit und es hilft dir, wenn du es loslässt. Denn; deine geistigen und göttlichen Aspekte dürfen sich nun nicht nur integrieren, sie müssen auch ein paar Dinge über die menschlichen Aspekte lernen. Und dazu benötigen sie dein menschliches Bewusstsein, das sachlich erklärt, was einem Menschen gut tut und was nicht. Einige Beispiele zur Veranschaulichung;

- Manchmal gibt dein geistiges Wesen innerlich Gas. Es dehnt sich aus, nimmt grosszügig Raum ein und erfreut sich am Tanz in dir drin. Dies mag unter Umständen grosse Schmerzen in deinem Körper auslösen, der so seine Mühe bekundet mit dem gerade ablaufenden Tanz. Das geistige Wesen kann Schmerzen nicht wahrnehmen und kann deshalb nicht verstehen, was nun abläuft in dir drin. Und so möchte ich dich ermutigen; klar und deutlich auszusprechen, was du spürst und auch klar und deutlich zu kommunizieren, wie unangenehm sich Schmerzen anfühlen. Erlaube, dass sich die Schmerzen dämpfen dürfen und es wird geschehen.
- Dein geistiges Wesen muss verstehen, dass du hier auf diesem Planeten lebst und dafür einen gewissen Betrag an Geld benötigst. Gewöhn dir an, täglich zu

sagen, was genau der menschliche Teil in dir braucht und innerlich auch zu fordern, dass dem Genüge getan wird.
- So manche verlieren ihre Arbeitsstelle in dieser Umbruchphase jetzt. Auch in einer solchen Situation darfst und sollst du definieren, was du benötigst. Und zwar in einer möglichst unabhängigen Form.
- Dein Geistiges Wesen hat keinen Bezug zum Thema „Arbeit" und keine Vorstellung davon, was ein Angestelltenverhältnis alles mit sich bringt. Auch hier benötigt es Aufklärung von deiner Seite her, z.B. dass du 8 Stunden lang einsatzfähig sein musst und somit ein plötzlich einsetzender innerer Prozess, der dein ganzes System flachlegt, nun stoppen darf und bis am Abend warten muss.

Gewöhn dir an, aktiv mitzureden. Du musst die Verschmelzung/Integration deiner vier Aspekte nicht passiv über dich ergehen lassen. Du darfst jederzeit sagen, wo deine Grenzen sind und was du gerade benötigst. Gleichzeitig wirst du jedoch nicht kontrollieren und/oder steuern können.
Das brauchst du auch nicht. Die vier finden sich.
Auf ihre eigene Art und Weise.

2. Nutze das Gesetz der Resonanz
Auf unserem Planeten gilt das universelle Gesetz der Resonanz, das besagt „Gleiches zieht

Gleiches" an. Darum zu wissen hilft dir, dein Leben bewusst zu gestalten. Möchtest du zum Beispiel Freude in deinem Leben, lebe Freude – jetzt – und Freude wird zu dir fliessen. Das tönt einfach. Ist es eigentlich auch. Die meisten haben nur noch nicht so bewusst damit gelebt. Lass uns etwas eintauchen in die Thematik.
Wenn du möchtest:
Achte die nächsten Tage immer wieder auf deinen inneren Zustand, ich nenne ihn emotionale Frequenz. Bist du traurig? Fröhlich? Ausgeglichen? Unzufrieden? Nach dem Gesetz der Resonanz begegnen dir im Aussen die Situationen und/oder Menschen, die deinem inneren Zustand, deiner emotionalen Frequenz entsprechen, ja ihn sogar oft verstärken.

Kannst du dies feststellen? Beobachte so lange und reflektiere für dich, bis du auf deine ganz eigene Weise und in deinen Worten erfasst hast.

Verstehst du, kannst du beginnen, das Gesetz zu nutzen. Möchtest du einen fröhlichen Tag heute, so entscheide dich bewusst dafür und stelle deine innere Frequenz auf Freude. Zugegeben, etwas gewöhnungsbedürftig für unser Denken. Bisher war einfach das, was war und wir haben damit gelebt. Es hat uns nicht immer optimale Lebensqualität gegeben. Doch wir haben nichts anderes gekannt. Sind wir unausgeglichen aufgewacht, war ein unausgeglichener Tag. Wir haben bestmöglich damit gelebt und ihn dann am Abend abgehakt. Das muss nicht mehr sein. Je besser du verstehst, umso besser wirst du selbst gestalten können und bist somit deinem inneren Zustand nicht mehr ausgeliefert, sondern kannst selbst prägen. Ein wichtiger Aspekt der Selbstermächtigung. Ist doch deine emotionale Frequenz ein massgeblicher Teil deiner Lebensqualität.

Wir denken manchmal; „wenn……, dann….."". Wenn ich in einem eigenen Haus wohne, den idealen Partner habe – dann bin ich zufrieden. Zufriedenheit mag manchmal einen äusseren Auslöser haben. Letztendlich ist sie jedoch einfach eine emotionale Frequenz. Ein innerer Zustand, den du gezielt für dich wählen kannst, unabhängig von deiner äusseren Situation. Du musst nicht erst warten, bis sich dein Aussen optimal gestaltet hat. Du kannst die Frequenz des Zustandes auch bereits jetzt schon leben und dabei erfahren, wie sich dein Aussen gemäss deiner inneren Frequenz ordnen wird.

3. Was immer du einem anderen Wesen zufügst, fliesst zu dir zurück
Wir schauen oft auf die anderen. Beobachten, bewerten, fordern und erwarten. Die neue Zeit fordert uns auf, zunehmend bei uns und in uns selbst zu sein.

Beginne achtsam und bewusst zu agieren. Alles, was du tust, hat Wirkung und fliesst in der einen oder anderen Art auch wieder zu dir zurück.

Ich gehe davon aus, dass du schon immer viel gegeben und geholfen hast. Etwas, das dir und deiner Grundhaltung entsprochen hat. Vielleicht bist zu mit der Zeit etwas ausgebrannt in dieser Thematik. Wurde es doch immer mehr zur Einbahn; du hast gegeben, die anderen haben genommen.
Nun darf es sich reinigen, dieses Thema. Und allenfalls benötigst du erst auch einmal eine „Geben- und Helfen-Pause" und entscheidest dich dafür, eine gewisse Zeit lang weder zu geben oder zu helfen und dich stattdessen mit der Thematik auseinander zu setzen, zu reinigen und zu lösen.
Denn; geben und helfen kann sich zu einem Perpetuum-mobile-muster verselbständigen. Du hilfst und gibst, unbewusst als Muster. Bist Muster-Ferngesteuert sozusagen, ohne bewusst zu hinterfragen. Doch helfen und geben ist
a) nicht immer die Unterstützung, die dein Gegenüber tatsächlich benötigt, auch wenn es selbst diesen Eindruck hat und
b) im Hier und Jetzt möglicherweise auch nicht deine Aufgabe.
So lange in dir noch Mangeldenken, Bedürftigkeiten und/oder Opferenergie vorhanden sind, ist deine Unterstützung zudem, selbst wenn sie frei gedacht ist, doch nicht

wirklich frei. Das heisst, spätestens beim zwanzigsten Menschen, dem du hilfst, erwartest du irgendetwas zurück oder du fühlst dich zunehmend ausgenutzt.
Geben und Helfen benötigt einerseits eine Reinigung von all deinen gemachten Erfahrungen; du wurdest vielleicht tatsächlich wiederholt ausgenutzt.
Das Thema benötigt jedoch auch Reinigung von Mustern, Normen und Glaubensstrukturen deinerseits. Dem Drang, helfen zu müssen.
Geben und Helfen gibt dir als Gebender gute Gefühle. Geben ist jedoch nicht per se „gut". Auch wenn dies in unserer Gesellschaft nach wie vor so verankert ist. Geben schadet oft mehr, als es dient. Hält es doch die Empfangenden weiterhin klein und abhängig im Muster des Mangeldenkens gefangen. Dies ist übrigens auch mit ein Grund, weshalb Menschen, die einmal von Sozialleistungen abhängig sind, es oft für den Rest ihres Lebens bleiben.
Wirklich frei geben kannst du erst, wenn du bewusst und ganzheitlich in Fülle lebst. Fülle hast und Fülle bist. Nichts mehr benötigst, weil du bereits alles hast. Dies ist ein innerer Zustand, den du zur Zeit vielleicht manchmal kurz in dir aufleuchten spürst. Er manifestiert sich zwar im Aussen, logisch. Hat aber letztendlich rein gar nichts mit der Zahl auf deinem Konto oder deinem materiellen Reichtum zu tun. Es ist ein innerer Zustand, der sich mehr und mehr entwickeln wird, wenn du ihm Raum gibst.

Ich gehe davon aus, dass du deutlich mehr gegeben als empfangen hast in diesem Leben. Weshalb auch immer. Durch deinen Fokus auf das Geben wurde der Gegenpol des Empfangens jedoch vernachlässigt und es hat sich allenfalls diesbezüglich ein Ungleichgewicht entwickelt in dir drin. Vielleicht ist daraus auch der Glaubenssatz „Menschen sind kleinlich, mir wird nichts gegeben" entstanden. Doch auch hier hat es wenig mit dem Aussen und ganz viel mit deinem Innern zu tun. Bist du etwas skeptisch? Wenn du möchtest, lade ich dich zu folgender Übung ein:

Stelle dir vor, jemand schenkt dir dein Traumauto, Traumferien, Traumschmuck etc, einfach etwas, was du dir schon lange gewünscht hast, deine derzeitigen finanziellen Ressourcen jedoch nicht dafür ausgereicht haben. Ein sehr grosses Geschenk also. Einfach so. Weil er kann und dir damit eine Freude machen möchte.
Und nun setz dich hin und lasse alle Gedanken und Gefühle fliessen, die nun hochkommen und bearbeite und löse sie einen nach dem anderen.

Du erhältst nicht (zurück) was du anderen gibst. Da wurden zwei Paar Schuhe vertauscht, die rein gar nichts miteinander zu tun haben. Keine Ahnung weshalb.
Du erhältst, resp. hast, was du dir wert bist, du dir selbst zugestehst und damit zulässt.

Wir befinden uns in der Übergangsphase zwischen alter und neuer Zeit. Und so wird es dir vermutlich auch gelegentlich geschehen, dass du Geschenke „mit Angelhaken" (also verwoben mit Mangeldenken und alten Glaubensmustern und Normen) erhältst. Du bist jedoch mittlerweile so bewusst, dass du sie erkennen wirst und aus deiner inneren Weisheit heraus richtig agieren kannst.
Vielleicht wirst du auch einmal ein Geschenk eines Meisters, der aus dem Zustand der Fülle heraus gibt, erhalten. Du wirst den Unterschied sofort wahrnehmen. Und ich wünsche mir, dass die Zukunft unseres Planeten mehr und mehr so gestaltet werden wird.

Du bist eine Meisterin auf dem Weg der Bewusstwerdung. Meister dienen den Menschen, aus einem inneren Impuls heraus. Hier und jetzt. Entstanden im inneren Wissen. Lerne diesem Wissen zu vertrauen. Jederzeit. Unabhängig davon, was um dich herum geschieht und andere Menschen von dir fordern. Die Dinge sind oft nicht so, wie sie scheinen. Dein inneres Wesen kennt das dahinter und agiert dementsprechend. Du wirst zunehmend erkennen. Vertraue dir selbst.

Vielleicht hat die Art und Weise, wie Menschen dich behandelt haben, tiefe Spuren in dir hinterlassen. Vielleicht hast du sogar ein Stück weit resigniert. Du lebst wann immer möglich

Respekt, Achtsamkeit und Liebe. Hilfst, gibst, hörst zu und tust deinem Gegenüber wohl. Im Gegenzug erhältst du dies jedoch kaum oder gar nicht erlebt. Viele können dies nicht verstehen. Die Antwort ist etwas verborgen, aber eigentlich ganz einfach. Der Schlüssel liegt nicht in den anderen Menschen. Denn auch in diesem Bereich wirkt das Gesetz der Resonanz, nur nicht so offensichtlich;

- Menschen denken so, wie du über dich denkst. → Denkst du wertschätzend und respektvoll über dich?
- Menschen behandeln dich so, wie du dich selbst behandelst. → Wie gehst du mit dir selbst um?
- Menschen geben dir so grosszügig, wie du dir selbst gibst → Wie grosszügig beschenkst du dich selbst?

Verändere die Art und Weise, wie du mit dir selbst umgehst und über dich denkst. Liebe dich zu tiefst. Zu allererst. Und du wirst es im Aussen ebenfalls erlebt erhalten.

Und weil wir gerade beim Thema sind; in der alten Zeit lag der Fokus der Aufmerksamkeit häufig auf einer Aufgabe, einer Mission oder anderen Menschen. In der neuen Zeit findet auch hier ein Paradigmenwechsel statt. In der neuen Zeit liegt der Fokus auf dir. Zuerst und noch eine lange Zeit dazu. Auf dir und nur auf dir. Dies ist für viele von uns gewöhnungsbedürftig und wir tun uns üblicherweise etwas schwer damit. Es führt allerdings kein Weg daran vorbei. Also darfst du es auch sofort angehen: liebe dich. **Liebe dich**; mit deinem ganzen Herzen, deiner ganzen Aufmerksamkeit und voller Grosszügigkeit. Es liegt ein Geheimnis in dieser Haltung, das sich nicht in Worte beschreiben und sich im Vorfeld nicht einmal erahnen lässt. Du musst es schmecken, spüren, erfahren. Der Weg in die Bewusstheit und Selbstermächtigung führt über die Selbstliebe. Je eher du ihn angehst, umso effektiver kommst du voran.

→**Stufe 6:** Nutze die Prinzipien des Lebens und sie werden dir dienen.

7. Selbstermächtigung

Selbstermächtigung bedingt ein bewusstes **Selbst**. Es bedingt, dass du dir deiner vier Aspekte und deren Bedürfnisse grösstmöglichst und (schlussendlich vollumfänglich) bewusst bist. Dass du zu Hause bist in deinem „ich bin" und eine sehr intime Beziehung mit deinem inneren Wesenskern lebst. Selbstermächtigung ist abhängig vom Grad an Bewusstheit, den du hast. Bewusstheit erreichst du, indem du dich auf deinen ganz eigenen inneren Ganzwerdungsprozess einlässt. Indem du bereit bist, hinzuschauen und hinzuhören und ernst nimmst, was dir im Hier und Jetzt an Themen

begegnet. Alles, was dir begegnet zur Zeit in deinem Leben, hat etwas mit dir zu tun. Sei achtsam und nimm wahr.
Viele, die unterwegs sind, erkennen zwar die Themen, die anzugehen wären. Sie stellen sich ihnen jedoch nicht und blockieren sich selbst damit auf ihrem Weg. Und so benötigst du somit auch Mut und Tatkraft. Es scheint manchmal einfacher, die Augen zu verschliessen, zu hoffen und zu warten. Lasse diese Option komplett los. Sie dient dir nicht (mehr) und ist – ehrlicherweise – unter deiner Würde. Gehe an, was immer du erkennst. Zuerst in deinem Inneren und in der Verbindung mit deinem inneren Wesenskern und dann gegebenenfalls auch im Aussen.
Du benötigst zudem ein heiles Selbst. Ein Selbst, das sich von all den belastenden Erfahrungen und Mustern der Vergangenheit gelöst hat und frei ist von Täter-Opfer-Retter-Spielen, Abhängigkeiten und einengenden Normen und Glaubenssätzen.
Ein bewusstes Selbst trägt jederzeit die Verantwortung für sich selbst, die derzeitigen Umstände und das Erfüllen der eigenen Bedürfnisse.
Der Weg der Bewusstwerdung führt dich letztendlich genau dahin; zu einem bewussten Selbst.

Ermächtigung trägt Macht in sich. Macht ist in unserer Gesellschaft oft negativ konnotiert. Mit Recht, wurde sie doch oft missbraucht. Macht verändert sich jedoch und wird in der neuen Zeit in einer sehr viel angenehmeren Art und Weise auftreten.

Macht der alten Zeit:
- arbeitet mit Kraft/Power.
- kann missbraucht werden.
- kann für oder gegen andere verwendet werden.

Macht der neuen Zeit:
- benötigt weder Kraft/Power, noch irgendwelche Ränkespiele oder Aggression
- kannst du nur noch für dich selbst nutzen. Sie kann ganz einfach nicht mehr missbraucht werden
- geschieht aus einer inneren Klarheit heraus. Mühelos und in grosser Leichtigkeit

Wir, die wir nun unterwegs sind auf dem Weg der Bewusstwerdung, haben die Grundsätze der neuen Zeit vermutlich bereits seit Jahren unbewusst in uns getragen. Viele haben z.B. eine innerliche Abneigung gegen Kämpfe, manchmal sogar auch gegen spielerisch ausgetragene, in sich. Wussten wir doch instinktiv, dass mit jedem Sieg Verlierer generiert werden und es letztendlich im Leben weder um Siegen noch um Verlieren geht. Ränkespiele, Intrigen – wir waren gänzlich ungeeignet für diese Themen und haben so manche unschöne Situationen erlebt deswegen. Wir haben in aller Regel eingesteckt, ertragen. Es war uns ganz einfach unmöglich, anderen bewusst zu schaden. Dieses Verhalten

unsererseits hat jedoch die anderen nicht abgehalten, uns immer wieder einmal in Ränkespiele zu verwickeln oder uns zu hintergehen resp. bewusst in Kauf zu nehmen, dass uns geschadet wird. Erlebnisse, die traurig und/oder wütend gemacht haben und uns manchmal auch haben zurück ziehen lassen von anderen Menschen. Nun jedoch, kommen mehr und mehr die Gesetze der neuen Zeit zum tragen. Und ich möchte dich einladen, in nächster Zeit zu beobachten, sollte dir erneut Schaden zugefügt werden;
Es mag sein, dass erst alles abläuft wie immer. Du Unrecht erlebst und darunter leidest. Wenn du achtsam hinschaust, wirst du jedoch feststellen, dass du in all dem sonderbar getragen wirst und du nicht wirklichen Schaden erleidest. Im Gegenteil, meist dient die Situation der Reinigung von vielen bereits gemachten unschönen Situationen. Menschen können dir keinen Schaden mehr zufügen. Definitiv nicht mehr. Alles was sie tun, fliesst direkt zu ihnen selbst zurück.

Die gängigen Konfliktlösungsmuster (du hast mich verletzt → du bist schuld → o.k. ich entschuldige mich) haben uns mehr und mehr frustriert, ohne dass wir uns daraus hätten lösen können. Dies löst sich nun mehr und mehr auf. So wie sich das Konstrukt der Schuld – endlich!! – auflösen darf. Jeder Mensch trägt die Verantwortung für sich selbst und sein Leben.

Abschieben gilt nicht mehr. Und – was ich anderen zufüge, kommt geradewegs wieder auf mich zurück – das Leben regelt zukünftig mehr und mehr selbst. Ich darf mich nun voll und ganz auf mich und mein eigenes Verhalten konzentrieren. Dafür und nur dafür bin ich verantwortlich. In der neuen Zeit wird dies nun jedoch wahrnehmbare Auswirkungen haben. Das ist schön!

Deine Macht liegt nun mehr und mehr in deinen Gedanken. Halte sie rein und klar.

Noch etwas ist anders in der neuen Zeit: wünschst du dir Hilfe resp. Unterstützung, musst du dies äussern. Bitte um Hilfe, erlaube, dass dir alles und jeder dienen darf. Es ist in aller Regel nicht nötig, dass du dies bei bestimmten Personen konkret tust. Du darfst es ganz alleine, fokussiert für dich tun. Und dich dann überraschen und beschenken lassen, wer dir im Aussen die für dich richtige Unterstützung anbietet. Mit der Zeit wirst du dies auch nicht mehr so bewusst tun müssen, lediglich annehmen, was dir angeboten wird. Denn du wirst mehr und mehr alles haben und erhalten, das du benötigst. Und so kann es sein, dass dir plötzlich und vollkommen ungewöhnlich eine Tasse Kaffee angeboten wird und du erst jetzt erkennst, dass dir Kaffee jetzt tatsächlich gut tun würde. Du erhältst mehr und mehr ganz

natürlich, manchmal noch bevor du bewusst
hast, was du gerade benötigst.

Viele von uns tragen die Angst in sich, aus den
Partnerschaften, den Familien und/oder der
Gesellschaft zu kippen. Eine vermutlich alte
Angst aus ehemaligen Leben, bei denen der Weg
der Bewusstwerdung Abgeschiedenheit und
teilweise dann auch Verlassen der Körper
bedeutet hat.
Dieses Mal wird es anders sein; du wirst deinen
Körper jederzeit dabei haben. Trage ihm somit
bewusst Sorge! Und – selbst wenn du Sehnsucht
hast nach Abgeschiedenheit und von einem
Einsiedler-Leben ganz in der Natur träumen
solltest. Du wirst weiterhin (wichtiger und
aktiver) Teil der Gesellschaft bleiben. Selbst
wenn es sich manchmal so anfühlt, als würdest
du rauskippen, darfst du unbesorgt sein und
vertrauen. Du bleibst.

→**Stufe 7:** Sei, was du tatsächlich bist: Ein
selbstermächtigtes und freies Wesen.

3. Themen, die dir begegnen auf dem Weg

Je mehr du dich damit beschäftigen wirst, umso
mehr wird es dir bewusst werden; Der Filz in und

um uns herum ist enorm. So viele einschränkende Normen, Verhaltensweisen und Glaubenssätze. So viele Erfahrungen, die uns im Hier und Jetzt Dinge tun lassen, die uns nicht wirklich gut tun und sich doch immer mehr zu wiederkehrenden Mustern verfestigen. Lass dich von deinem Innern führen auf deinem Weg. Du wirst Schritt für Schritt auf deine Weise in deinem Tempo auflösen. Es wird sowieso geschehen. Du musst nichts forcieren. Und so darfst du die nächsten Kapitel auch lesen. Lies sie mit Herz und Verstand. Nimm mit, was dich anspricht. Dreh und wende, was dich provoziert – und entwickle, wenn du möchtest vielleicht etwas ganz Anderes, Stimmiges daraus. Es sind Impulse, die dich inspirieren und hoffentlich auch unterstützen sollen auf deinem Weg. Nimm dir jedoch jederzeit die Freiheit zu prüfen und zu hinterfragen.

3.1 Liebe

Wir alle sehnen uns danach. Und gleichzeitig ist wohl nichts so pervertiert auf diesem Planeten wie die Liebe. Liebe ist verknüpft mit Besitzansprüchen, Ge- und Missbrauch, Verbiegen, Anschuldigungen, fixen Vorstellungen, Erwartungen, es dem anderen Recht machen (müssen), leere sich sinnlos wiederholende, doch weil vertraut doch lieb gewordene, Verhaltensmuster usw. Wir haben uns daran gewöhnt. Nehmen all das in Kauf, um ab und zu doch ein bisschen Liebe zu erhalten und nicht alleine zu sein. Wir haben unzählige Schrammen abgekriegt auf diesem Gebiet und so manche haben resigniert; sie glauben nicht mehr an das Gute der Liebe. Vielleicht fällt es auch dir mittlerweile schwer, bedingungslos zu vertrauen, dich in der Tiefe zu öffnen und dabei all deine Schutzhüllen fallen zu lassen. Liebe ist nicht sicher.

Du wirst hinschauen dürfen/müssen. Noch einmal durchleben und auflösen, was da alles verquer gelaufen ist auf diesem Gebiet in deinem Leben.

Es gibt so einige Beziehungsmuster, die sich nun auflösen dürfen:

- Den anderen beschuldigen.
  → Gewöhne dich daran, primär deinen eigenen Anteil anzuschauen und wenn nötig aufzulösen oder anzupassen. Übernimm zudem jederzeit die volle Verantwortung; für dich, dein Leben, deine Bedürfnisse, dein Hier und Jetzt.
- Den anderen motivieren, sich zu ändern.
  → Lasse sämtliche Erwartungen los. Auch wenn du klar und stimmig erkennst. Dein Gegenüber ist zu 100% für sein Leben zuständig. Du musst auch niemanden „retten". Jeder Mensch dreht seine ganz eigenen Runden. Manche benötigen mehrere leidvolle Erfahrungen, bis sie endlich erkennen. Du kannst niemandem

den eigenen Weg abnehmen. Im Gegenteil, manchmal stört dein Eingreifen mehr, als dass es nützt. Lerne zu wissen, wann es hilfreich ist zu reden, wann zu schweigen. Und – sei bereit, dass sich eure Wege auch trennen dürfen.
- Erwarten, fordern
  → Du alleine bist zuständig für deine Bedürfnisse. Du und nur du alleine. So lange du noch in irgendeinem Bereich bedürftig bist, bist du noch nicht fähig für die Liebe der neuen Zeit. Das heisst nicht, dass du jegliches Verhalten eines anderen Menschen hinnehmen musst. Da gilt es auch Grenzen zu ziehen und gegebenenfalls auch Konsequenzen.
- Dem anderen zu liebe
  →Gewöhn dir an, konsequent nur das zu tun, was du aus deinem Herzen heraus gerne tust.

Viele Menschen spielen „Mann und Frau". Sie arbeiten hart an sich, schrauben an sich herum um „perfekte Ehefrau", „perfekter Liebhaber" etc. zu sein resp. zu werden. Mit dem Ziel, sich gut zu fühlen, geliebt zu werden – von andern. Ein Spiel, bei dem keiner gewinnt, das unendlich viele Verletzungen generiert und mit den Jahrzehnten resignieren lässt.
Bitte wirf einen sehr ehrlichen Blick auf deine Partnerschaft. Ist sie echt? Gesund? Macht sie

dich zutiefst glücklich? Wenn nicht; erlaube dir hier und jetzt auszusteigen.

Auch in der Liebe findet ein Paradigmenwechsel statt. Die Liebe der neuen Welt ist frei. Sie gibt, was sie geben möchte und empfängt, was gegeben wird. Diese Liebe ist bedingungslos, jenseits von Erwartungen, Forderungen und Vorstellungen. Du wirst sie studieren müssen. Darfst in sie eintauchen. Dabei so manche Frustration und damit einhergehend Befreiung von abgelaufenen Glaubensstrukturen erfahren. Freue dich darauf. Sie ist so viel schöner und reicher, als du dir in deinen kühnsten Träumen vorstellen kannst, die LIEBE!

Manchmal kann es dir geschehen, dass du eine Partnerschaft auflösen möchtest, schon aufgelöst hast oder dein Gegenüber sich getrennt hat. Trotzdem kommst du irgendwie nicht los von ihm. Hier kann dir vielleicht folgendes Vorgehen helfen:
Stelle dir bildlich vor, dass ihr beide noch mit einem „Liebesband" verbunden seid. Schaue deinem Gegenüber noch einmal in die Augen. Lasse hochkommen, was da noch ist. Sage ihm alles. Übernimm Verantwortung für deinen Teil und gib ihm die Verantwortung für seinen. Und dann löse das Band achtsam und liebevoll. Nimm deinen Teil zu dir, gib ihm den seinen. Nimm euch beide nun bildlich wahr – ohne das Band

und nimm dabei wahr, was sich in dir verändert hat.

Vielleicht fühlst du dich unwohl in deiner jetzigen Partnerschaft und verspürst den Drang auszusteigen. Doch es gelingt dir nicht. Was du auch versuchst, irgendwie kannst du (noch) nicht gehen. Beginne nun nicht zu kämpfen, sondern lasse erst einmal los. Nimm Kontakt auf mit deinem inneren Wesen und lasse dich führen. Es kann sein, dass du noch „innere Haken" hast. Und wenn du möchtest, lade ich dich ein, dich den folgenden Fragen zu stellen. Was hält dich (vielleicht auch unbewusst) zurück?

- Die Angst vor dem Alleine sein?
- Die Befürchtung keinen anderen Partner mehr zu finden?
- Die Sorge, es emotional und/oder finanzielle alleine nicht zu schaffen?
- Das Gefühl, dass sich deine Kinder gegen dich stellen werden?
- Dein Anspruch, niemanden zu verletzten und jederzeit korrekt, nett und gut zu sein?
- Die Angst, dass es dein Partner alleine nicht schafft?

Allenfalls sind da auch noch gewisse Beziehungsmuster, die ihr gemeinsam auflösen müsst. Oder es muss noch ein Ausgleich zwischen Nehmen und Geben stattfinden. Möglicherweise hast du mit dieser einen Person auch noch nicht alle für dich wichtigen Lernerfahrungen gemacht. Wie auch immer; du wirst die Antwort erfahren. Wichtige Unterstützung ist dir dabei; sei jederzeit vollkommen ehrlich. Dir selbst gegenüber. Und deiner Partnerin, deinem Partner.

Sei dir zudem bewusst; DU bist der Schöpfer deiner Realität. Kreierst du über deine Gedanken und Gefühle die Realität „des Festhangens" lebst du diese Realität auch und hängst fest.

Du wirst feststellen, Liebe löst sich nicht einfach auf. Liebe ist – und bleibt. Und so kann es dir geschehen, dass du in zwei (fremde) Augen blickst und du spürst tiefe, innige Liebe. Ein Mensch, äusserlich fremd und doch ist da ein intuitives Erkennen, ein natürliches Vertrauen. Ein Mensch mit dem du irgendwann im Laufe deiner vielen Leben einmal in Liebe verbunden warst.
Manche sind nun so überwältigt von dieser innigen Form der Liebe, die da fliesst, dass sie sich ohne zu überlegen auf eine Partnerschaft und/oder sexuelle Verbindung mit diesem Menschen einlassen. Das mag manchmal bereichern. Viel öfter jedoch führt es zu weiteren „Liebesverletzungen". Heute ist nicht damals. Ihr habt euch beide weiterentwickelt und habt jetzt in diesem Leben eine andere Rolle inne. Doch die Liebe ist da. Klar und stark. Und sie darf sein. Es ist jedoch gerade in dieser Situation hilfreich,

den Verstand mit einzuschalten. Etwas Abstand zu nehmen und das Ganze – auch mit dem Kopf – in Ruhe anzusehen. Finde deinen ganz eigenen Umgang damit. Einen Umgang, der alle Beteiligten bereichert.
Vielleicht ist es das erste Mal, dass dir so etwas geschieht. Du lebst in einer glücklichen Partnerschaft und dann siehst du in diese anderen Augen und/oder hörst diese Stimme und da ist eine unendlich tiefe Liebe. Dieses Erlebnis kann ganz schön verunsichern und du wirst deinen eigenen Weg finden müssen im Umgang damit. Du kannst allerdings mit grosser Wahrscheinlichkeit davon ausgehen, dass es sich um eine Liebe aus einem vergangenen Leben handelt. Spüre die Antwort in dir nach. Wenn du es weisst, wird es dir den Umgang damit erleichtern. Höchstwahrscheinlich wirst du den anderen Menschen plötzlich auch energetisch spüren. Da ist eine wahrnehmbare Verbindung zwischen euch. Und es kann sein, dass einige Tage lang tiefe und schöne Liebe fliesst in dieser Verbindung. Du darfst sie geniessen wie eine schöne, alte Erinnerung. Ungelöste Themen aus dieser Verbindung werden nun in euch beiden gelöst und allfällige zurück gelassene Aspekte kehren wieder zu euch zurück. Nach ein paar Tagen lockert sich die Verbindung spürbar und allenfalls wirst du diesen Menschen nie mehr sehen und ihn auch energetisch nicht mehr wahrnehmen. Was zurück bleibt, ist eine grosse

Dankbarkeit und der Wunsch, dass es dem anderen Menschen gut ergehen möge.
Mit der Zeit wirst du mehrere solcher Erlebnisse erfahren und eine gewisse Gelassenheit im Umgang damit entwickelt haben. Du wirst dann deren Schönheit mehr und mehr auch geniessen können.

Wir begegnen einem Gegenüber, verlieben uns und hoffen, dass er mit seiner bedingungslosen Liebe all unsere Liebesverletzungen heilt. Dies trifft jedoch in den seltensten Fällen zu. Viel eher ist auch er liebesverletzt und auch er bräuchte bedingungslose, sichere Liebe.
Liebesverletzte Menschen schützen sich – was richtig ist für sich selbst. Du benötigst die Möglichkeit, dich jederzeit zurückziehen und schützen zu können, so lange du noch nicht in der Tiefe heil bist. Dein Rückzug triggert allerdings die Liebesverletzungen deines Gegenübers, was ihn ebenfalls zum Rückzug verleitet. Vielleicht geht ihr beide wieder aufeinander zu, irgendwann kommen die Verletzungen erneut hoch und der Nähe-Distanz-Tanz beginnt von Neuem. Bei aller Liebe, dieses Hin und Her kostet enorm Kraft und generiert nicht selten neue Liebesverletzungen und Frustration.
Du musst erst innerlich heil sein, bevor du fähig bist, bedingungslose Liebe zu leben.

Es mag dir, wie in all deinen anderen Beziehungen, auch in deinen Liebesbeziehungen so ergangen sein, dass dir nie so ganz wohl war in ihnen. Du hast die Gabe in dir, reine, wunderschöne, bedingungslose Liebe zu geben. Hast sie meist auch ganz lange fliessen lassen. Du hast gespürt, dass dein Gegenüber dich liebt. Auf seine Weise. Doch es hat dich nicht in der Tiefe berührt. Ehrlicherweise immer weniger. Es hat sich falsch angefühlt. Falsch und fade.
Du hast so lange an dir selbst rumgeschraubt. Dir vielleicht sogar eingeredet, dass es dir schwer fällt oder unmöglich ist, Liebe anzunehmen usw. He, du, ich sage dir; du warst und bist richtig. Du trägst LIEBE in dir.
Menschen suchen deine Nähe. Sie sind gerne mit dir. Deine Achtsamkeit, deine bedingungslose LIEBE nährt sie. Du warst und bist richtig!
Erlaube dir, in einer Partnerschaft zu sein, in der dein Gegenüber diese (neue) Form der LIEBE ebenfalls lebt.

3.2 Alte Zeit – Neue Zeit

Du hattest das Wesen der neuen Zeit vermutlich schon seit deiner Geburt in dir. Doch nun, seit einiger Zeit wird dies immer sichtbarer. Du lebst die neue Zeit. Mehr und mehr. Auf natürliche Art und Weise. Vielleicht hinkt dein Denken dem Ganzen jedoch hinterher, ist nach wie vor im Denken (und Bewerten!) der alten Zeit verhaftet und macht dir manchmal dein Leben schwer. Es sagt dir, dass du doch anders müsstest, dass das, was du da tust, so nicht geht usw.

Ein Praxisbeispiel soll dir als Veranschaulichung dienen:
Rainer ist Dozent für Soziales an der Fachhochschule. Heute beginnt er eine Modulreihe mit einer neuen Klasse. Während der Aufwärmphase in der ersten halben Stunde erkennt Rainer, dass die ganze Klasse an einem bestimmten Ort steht und sich nun ein Thema besonders gut eignen würde und den Teilnehmenden genau das geben würde, was sie jetzt benötigen resp. wünschen. Es ist eines seiner absoluten Kompetenzthemen und er hat so viel Material auf seinem Laptop und in sich drin, dass er diesen Tag ganz spontan gestalten könnte. Doch laut Lehrplan ist nun eben ein ganz anderes Thema an der Reihe. Eines, das niemanden so richtig zu interessieren scheint. Während einigen Minuten ringt Rainer innerlich mit sich. Dann entscheidet er sich für Vernunft und Professionalität und arbeitet nach Lehrplan. Teilnehmende und Dozent schleppen sich durch den Tag und zurück bleibt eine grosse Unzufriedenheit bei allen Beteiligten.
Die Fachhochschule befindet sich in einer grossen Umbruchphase und scheint sich ständig neu zu erfinden. Alle Dozenten erhalten die Vorgabe, eine 12-seitige Standortbestimmung auszufüllen und raschmöglichst an die Leitung zu senden. Rainer weiss intuitiv, dass dies nun nicht

seine Aufgabe ist und irgendwie lässt sich in den darauf folgenden Tagen auch die Zeit nicht finden dafür. Er erhält erst eine sachliche Aufforderung, dann eine deutlich weniger sachliche Rüge und nach einigen Tagen eine Rundmail in der mitgeteilt wurde, dass die Standortbestimmungen nun doch nicht so wie angedacht bearbeitet würden und somit hinfällig seien.

Du trägst die neue Zeit in dir und lebst gleichzeitig mit Menschen in deinem privaten und auch beruflichen Umfeld, die nach wie vor mehr oder weniger unbewusst in der alten Zeit leben. Und selbst wenn du dir gewohnt bist, nie wirklich in all die Schemata und Kästchen gepasst zu haben, kann sich die Thematik des sich „falsch Fühlens" noch einmal verstärken. Du bist Pionier und erfährst nun die Nebenwirkungen dieser Aufgabe, ohne im Gegenzug die Wertschätzung und Anerkennung dafür zu erhalten. Eine grosse Herausforderung! (Diese Formulierung fasst nur einen Bruchteil von dem, was wirklich ist und so möchte ich, die ich darum weiss, dir all meine Anerkennung aussprechen. Aber auch Mut machen; du bist richtig! Und – dir wird niemals, in keinster Weise Schaden geschehen!)
Du wirst vermutlich selbst erkennen; die Verbindung zu deinem inneren Selbst ist entscheidend wichtig. Du kannst dich im Aussen nirgends mehr festhalten. Du benötigst zwingend Halt – in deinem Innern

Manchmal kann es unterstützen, zu verstehen und so möchte ich dich einladen, zu beobachten und zu erkennen.
Einige Beispiele;

- Du arbeitest zunehmend achtsam
  → dies wird im beruflichen Umfeld nicht verstanden und nicht wertgeschätzt, Tempo und Effizienz sind die wichtigen Werte der alten Zeit.
  Dass du mittlerweile qualitativ deutlich noch besser arbeitest, wird manchmal nicht einmal von dir selbst wahrgenommen.
- Du machst nur das, was es auch wirklich braucht. Intuitiv. 100% treffsicher.
  → in der alten Zeit wird nach Vorschrift gearbeitet oder nach Usus. Dein Vorgehen wird nicht verstanden
- Du wirst nicht verstanden, weder in deinem Denken, noch in deinem Handeln
  →dies auszuhalten ist eine enorm grosse Herausforderung
- Gemäss den Normen der alten Zeit gelten du und dein Wirken als mässig und/oder gar nicht erfolgreich. Du wirst von den Menschen so beurteilt und es kann sein, dass du dich eine Zeit lang gar selbst so wahrgenommen hast.
- Dein Wirken ist immateriell (und von unschätzbarem Wert!!). Dein immenses Potenzial kann von der alten Welt nicht

wahrgenommen werden. Nur ein anderer Meister kann dich und dein Potenzial erfassen. Dies innerhalb von Sekunden, ganzheitlich und so wie du wirklich bist. Eine wunderschöne Erfahrung. Nur - andere Meister sind (noch) rar.

- Die alte Zeit ist geprägt von Feedbacks und Kritik. Dies lässt dich regelmässig schaudern. a) darf in der neuen Zeit jeder so sein, wie er ist, bzw. ist immer alles richtig, so wie es gerade ist und b) machst du deine Erfahrungen im direkten Tun und benötigst keine nachträgliche Reflektion (mehr). Schon gar nicht von Menschen, die keine Meister sind.
- Die alte Zeit lebt in der Aktion, im Tun. Fähigkeiten müssen trainiert werden. In der neuen Zeit lebst du im Sein. Du musst nicht mehr mühsam trainieren. Du kannst dich in die Erfahrung eines Könners einklinken und dir die Fähigkeit so aneignen. Oder du kannst das Inhaltsverzeichnis eines Buches lesen und hast dessen Essenz in dir. Du wächst nun mehr und mehr in diese Zeit hinein. Und erlebst zudem - Alles was du möchtest und dir und deinem Wesen entspricht, gelingt dir mühelos.

→ müssen allerdings Jugendliche, die die neue Zeit ebenfalls oft in sich tragen, Prüfungen nach den Normen der alten Zeit absolvieren, wird dies oft zum

Spießrutenlaufen und sie versagen nicht selten. Sie werden – wie du – nicht erkannt.

- Die alte Zeit lebt eine starke „Wir- und Gruppenkultur". In der neuen Zeit bist du bewusst mit allen und allem verbunden und benötigst keine entsprechenden Rituale mehr. Du weisst zudem, dass du jederzeit die richtigen Menschen zur Seite haben wirst
→dies nimmt allerdings die restliche Welt (insbesondere deine Familie) nicht so wie du wahr. Sie bestehen allenfalls darauf, dass du die Wir-Rituale weiterhin pflegst. Etwas, das dir manchmal allerdings zunehmend so stark widerstrebt, dass du dich nicht mehr weiterhin verbiegen kannst. Keine einfache Situation.
- Macht basiert in der alten Zeit auf Zertifikaten, Geld, Machtspielen, Status etc. In der neuen Zeit basiert sie auf dem Entwicklungs- und Bewusstheitszustand deiner Seele.
→Du weisst zwar innerlich von deiner wahren Grösse. Doch dein noch in der alten Zeit lebendes Umfeld kann diese nicht wahrnehmen.
- Die alte Zeit plant und investiert in die Zukunft. In der neuen Zeit ist alles jetzt, in diesem Moment. Im Wissen, dass wiederum alles da sein wird, dann wenn ich es in der Zukunft brauchen werde.

- In der alten Zeit war unser Bestreben, möglichst viel Gutes zu erleben, Gutes zu haben und gut zu leben. Hatten wir es dann, haben wir es bestmöglich festgehalten und konserviert. Die neue Zeit dagegen ist laufend in Bewegung, im Wissen, dass jetzt gut ist
 → dies veranlasst aktuell viele noch in der alten Zeit lebende Menschen, krampfhaft festzuhalten an dem was gerade ist.
- In der alten Zeit versuchst du Gutes zu wiederholen, indem du dasselbe wieder tust. In der neuen Zeit funktioniert dies nicht mehr. Es wird immer wieder anders sein.
 → dies verursacht viele Irritationen bei Menschen, die die neue Zeit noch nicht verstehen.
- Die alte Zeit plant Zukunft auf der Basis von gemachten Erfahrungen. Sie versucht somit, in der Zukunft auszugleichen, was eigentlich in der Situation selbst in der Vergangenheit hätte geschehen sollen.
 → Du selbst erkennst dies und hast das Verhalten für dich selbst auch längst losgelassen. Du agierst intuitiv aus dem Jetzt heraus. Nur – dein Umfeld lebt noch gemäss altem Schema.

Lebe sie weiter, die neue Zeit; achtsam und bewusst.

3.3 Verantwortung

Auch die Thematik der Verantwortung verändert sich;
In der alten Zeit hatten wir ein Ziel und haben dann die Planung und die Verantwortung für die Realisation dieses Ziels übernommen. In der neuen Zeit funktioniert dieses Vorgehen immer weniger. Ja, es lässt sich meist sogar nicht mehr wirklich umsetzen. Einerseits müssen die avisierten Ziele tatsächlich den Bedürfnissen unseres Wesens entsprechen. Etwas, das sie in der Vergangenheit nicht immer taten, ehrlichweise. Da haben oft allerlei Zwänge, Vorstellungen und Glaubensstrukturen mitgeprägt, die rein gar nichts mit unseren echten Bedürfnissen zu tun hatten. Andererseits lässt sich die Umsetzung nicht mehr planen und somit die Verantwortung auch nicht mehr in gewohnter Weise tragen. Das „Wie", der Weg zum Ziel entsteht in der neuen Zeit in einer ganz und gar ungewohnten, weil freien Art und Weise. Wir müssen nicht mehr organisieren, planen und erarbeiten. Es entsteht. Mühelos und eigenständig. Und was sich da so schön liest, stellt in der Praxis eine ziemliche Herausforderung dar. Wir sind uns gewohnt, aktiv und tatkräftig Einfluss zu nehmen. Die neue, leichte Energie ist uns noch ziemlich fremd und bedarf einiger Zeit des aktiven Kennenlernens, bis wir effektiv Freude daran haben können.

Die alte Zeit hat linear funktioniert. Das heisst, du hast C als Ziel definiert und dann A getan, um B zu bewirken auf dem Weg zu C. Die neue Zeit funktioniert nicht mehr linear. Das heisst, wenn du A tust, kann dies B bewirken, aber genauso auch Z, K oder H. Wenn du dabei deine fixen Vorstellungen loslässt und dich auf das, was entsteht einlässt, wirst du erkennen, dass Z sehr viel stimmiger ist als B je hätte sein können. Wichtig ist, dass du C möglichst offen und über deine Gefühle definierst. Z.B. ein eigenes Haus. An C festhältst und dich dann bezüglich A, B und so weiter führen lässt. Die neue Zeit funktioniert somit weniger im aktiven Tun, dafür umso mehr im bewussten Handeln. Es ist mehr ein intuitives Puzzeln, denn ein Zusammenbauen nach Betriebsanleitung.

Bei der Realisation unserer Wünsche dürfen wir somit Verantwortung loslassen. Dafür sind wir gefordert, aktiv Verantwortung zu übernehmen für uns selbst, unsere Wünsche und Bedürfnisse, unsere Gefühle und unsere Handlungen.
In diesem Zusammenhang fordert uns jedoch ein hartnäckiges Muster unserer Gesellschaft besonders heraus; die „Opfer-Täter-Dynamik". Wenn du eine Zeit lang achtsam beobachtest, wirst du feststellen, dass wir sehr oft gedanklich und auch in unseren Gefühlen in einer Art „Opfer-Haltung" feststecken. Wir fühlen uns ausgeliefert, hilflos, abhängig und ohnmächtig. Wir formulieren „dass wir ja müssen" oder „ja

nicht können" usw. und geben damit unbewusst die Verantwortung ab. Auch wenn wir dies nicht bewusst tun, verweigern wir doch faktisch mit diesen Formulierungen die innere Entscheidung, jederzeit für alles in unserem Leben Verantwortung zu übernehmen. Und da wir über Gedanken und Gefühle unsere Realität prägen, halten uns diesbezügliche Formulierungen – unbewusst – in der Opferrolle fest.

Auch Schuld(zuweisungen) gehören in die Schublade des „Opfer-Täter-Spieles". Jede Schuldzuweisung führt den einen in die Täter-/Ankläger- und den anderen in die Opferposition. Würden wir jederzeit Verantwortung für uns selbst, unsere Gefühle und unser Verhalten übernehmen und dies auch unserem Gegenüber zugestehen, würde sich „Schuld" erübrigen. „Schuld" und „Opfer-Täter-Retter-Dynamiken" sind Muster der alten Zeit, die sich nun mehr und mehr auflösen dürfen. Niemand ist schuld, wenn es mir nicht gut geht. Ich selbst bin höchstpersönlich und jederzeit für mein eigenes Leben und mein eigenes Befinden zuständig. Dabei zeigt mir Unzufriedenheit den Weg: zu mir selbst. Sind wir unzufrieden, suchen wir den Grund (und die Schuld) oft im Aussen. Dies führt jedoch meist in eine Sackgasse. Unzufriedenheit entsteht dann, wenn ich den Kontakt zu meinem Inneren verloren habe und nicht mir selbst entsprechend agiere oder agiert habe. Also auch hier; hinsetzen, hinhorchen und die volle Verantwortung übernehmen – für mich selbst.

Ich verzichte in diesem Abschnitt bewusst auf Beispiele und bitte dich stattdessen zur Vertiefung, wenn du möchtest;
Lege das Buch zur Seite und widme dich eine Stunde lang deinem Alltag. Sei achtsam und beobachte dich und die anderen sehr ehrlich. Die Anschauungsbeispiele werden dir höchstwahrscheinlich nur so entgegenpurzeln.

Wir haben in der alten Zeit oft Verantwortung für andere übernommen. Und auch dieser Aspekt verändert sich. Jeder Mensch ist vollumfänglich für sich selbst verantwortlich. Auch für seine Gefühle und sein Befinden. Ich erlebe dies ungemein entlastend, wenn ich nicht mehr dafür zuständig bin, dass sich mein Gegenüber gut fühlen muss. Dies beinhaltet auch die Entflechtung der derzeitigen gesellschaftlichen Norm „füreinander da sein". Diese Haltung bedeutet, sachlich betrachtet, den Anspruch, dass mich andere halten, tragen, trösten usw, wenn es mir nicht gut geht. Damit gebe ich erneut Verantwortung ab. Ich selbst bin für mich selbst zuständig. Auch und gerade dann, wenn es mir nicht gut geht. Denn, dass es mir nicht gut geht, meint eigentlich eine innere Unstabilität und somit Schräglage in meinem System. Ein Zustand, den nur ich und mein eigenes System wieder ins Gleichgewicht bringen können. Du kannst zudem niemandem den Weg der Erfahrungen abnehmen. Auch wenn du es noch so gerne möchtest und manchmal sogar versuchst. Gerade schwierige, manchmal auch schmerzhafte Zeiten bergen die wichtigsten Erfahrungen in sich. Du darfst also ruhig aufhören, retten zu wollen, deine Liebsten schützen zu wollen. Alles was ist, macht Sinn, dient dem Wohle von dir und den anderen. Auch wenn es auf den ersten Blick ganz anders aussieht.

Nun tragen wir zwar mehr und mehr die neue Zeit in uns, leben aber nach wie vor in einer noch sehr von der alten Zeit geprägten Welt. Was uns auch im Bereich der Verantwortung herausfordert.
Vermutlich werden dir zum Beispiel auch weiterhin Vorwürfe begegnen. Vorwürfe entstehen aus der „Opfer-Dynamik" heraus. Das heisst, jemand übernimmt nicht die volle Verantwortung für sich selbst und schiebt die Verantwortung für sein Befinden dir zu. Du wirst deinen eigenen Weg finden müssen im Umgang damit. Was dich dabei unterstützen kann ist die innere Klarheit. Je klarer du in dir selbst bist, umso besser kannst du mit den Anforderungen um dich herum umgehen.
Ein weiterer Aspekt, der dir helfen kann, ist folgender:
Vorwürfe, die dir im Aussen gemacht werden, können manchmal auch Vorwürfe sein, die du dir – heimlich/unbewusst – selbst machst. Und so macht es Sinn, jeden erhaltenen Vorwurf achtsam darauf zu überprüfen. Hast du erkannt,

dass es dein eigener Vorwurf ist (zum Beispiel „ich tu zu wenig für sie" usw.), kannst du ihn folgendermassen auflösen:
Tauche gedanklich und im Gefühl ganz in den Vorwurf hinein. Lass zu was hochkommt. Erlaube dir, offen und neugierig zu sein, ohne zu bewerten oder zu richten. Der Verstand wird versuchen, sich mit allem Möglichen einzumischen. Er wird versuchen, zu erklären und will verstehen und rechtfertigen. Befiehl ihm, still zu sein. Er kann dir hier nicht helfen. Gehe in den Brustraum mit deiner Aufmerksamkeit. Dort wo sich dein Wissen befindet und horche dort hin. Und du wirst verstehen und den Vorwurf damit auflösen können. Ist er aufgelöst, wirst du ihn nie mehr im Aussen erhalten.

Ich bin mir bewusst, dass ich ab und zu wiederhole. Ich denke jedoch, dass es Sinn macht, gewisse Dinge mehrmals zu lesen; Wenn du über Vergangenes sinnierst, sei jederzeit liebevoll und grosszügig mit dir selbst. Erlaube dir, **nicht** in die Schuld-, Täter- oder Opferfalle zu treten. Schau an, was war. Übernimm die Verantwortung für dich und dein Verhalten. Übergib die Verantwortung für das Verhalten der anderen auch diesen Menschen zurück und lasse es bei ihnen. Nimm die Lernerfahrung mit. Vergib dir und den anderen. Und dann lass los – komplett.

Und noch ein letzter Hinweis zu diesem Thema; Der Weg der Bewusstwerdung ist phasenweise ein ziemlich harter, ja man könnte manchmal auch von brutal sprechen. Die Gefahr ist gross, dass du dich in den schwierigen Zeiten in die emotionalen Seile deines Umfeldes, die finanziellen Seile unseres Sozialstaates oder die medizinisch-therapeutischen Seile unseres Gesundheitswesens fallen lässt. Ich habe grosses Verständnis für jeden, der dies tut. Doch sei dir bewusst; der Preis den, du dafür zahlst, ist hoch!

3.4 Krankheit

Krankheit ist ein Konstrukt der alten Zeit. Ein unglaublich starkes, nebenbei bemerkt.
Das, was wir als Krankheit bezeichnen, ist eigentlich eine Situation, in der sich unser System in Schieflage befindet. Krankheit ist – nicht medizinisch betrachtet – manchmal schlicht die Aufforderung, sich mit sich selbst zu beschäftigen und ermöglicht dem Betroffenen Raum und Zeit dafür, die er sich allenfalls so nicht nehmen würde. Krankheit ist ein unschön eingepacktes Geschenk, sozusagen. Sofern du die Gnade hast, es sorgsam auszupacken.
Krankheit funktioniert oft nach einem bestimmten Muster; da ist ein „armer Mensch", der dann mit Trost, Zuwendung und Mitleid energetisch gefüttert wird. Das Konstrukt führt zudem frisch-fröhlich in eine Täter-Opfer-Retter-Dynamik; wir sind Opfer unseres Körpers oder

Schicksals - Viren/Bakterien oder irgendwelche Umstände sind die Täter – und wir benötigen selbstverständlich Retter in Form von Ärzten und/oder Heilpraktikern.
Krankheit ist ein äusserst heikles Thema und ich hoffe, du erträgst meine Direktheit.
Doch das Konstrukt und unser Umgang damit führen uns geradewegs in grosse Abhängigkeiten (und noch grösseres Leid). Wer „an einer chronischen Krankheit leidet", kann vermutlich ein Lied davon singen.
Zudem hat unsere Körperoptimierungskultur Spuren hinterlassen. Was dazu geführt hat, dass viele Menschen defizitorientiert und lieblos über ihren Körper denken. Manche verachten ihn gar, still für sich. Diese innere Haltung verleitet zu einem lieblosen und unachtsamen Umgang mit dem eigenen Körper. Und so kann Krankheit manchmal auch auf Selbsthass-Aspekte, die noch in uns schwelen, hinweisen. Und uns somit auffordern, auch unseren Körper zu lieben. Bedingungslos und grosszügig. Genauso wie er ist. Jederzeit.
Ich kann verstehen, wenn meine Zeilen Wut in dir auslösen. Der Paradigmenwechsel ist gerade in diesem Thema ein sehr grosser. Es geht mir jedoch nicht um Schuld (das Konstrukt gibt es in meinem Weltbild ja nicht, wie du weißt..), Es geht mir auch nicht um richtig oder falsch. Oder darum, dass du dich nun schlecht fühlst. Es geht mir viel mehr um Bewusstwerdung. Dass du erkennst, wo und wie du noch verhangen bist in

Mustern, die dir nicht (mehr) gut tun. Und um deine Selbstermächtigung, dich davon zu lösen, wenn du möchtest.
Sollte Krankheit ein häufiges Thema sein in deinem Leben. Und wenn du magst, lade ich dich ein, dich sehr ehrlich mit deinen Krankheitsmustern auseinander zu setzen:

- Wo holst du dir – unbewusst – mit Krankheit Zuwendung und/oder Ruhe-Zeitfenster?
- Wo allenfalls Entlastung?
- Lassen dich die medizinischen Settings sicher und geborgen fühlen?
- Ist die „Tapfer-Ertragende" zu einer Teilidentität von dir geworden, mittlerweile? Wenn ja, weshalb lebst du sie?
- Tut es dir gut, schwach zu sein und dich energetisch füttern zu lassen?
- Wo löst dir die Krankheit ein inneres Dilemma?
- Und wo bewahrt sie dich davor, Verantwortung zu übernehmen?
- Wo weist sie dich allenfalls auf einen unschönen, harten und gnadenlosen Umgang mit dir selbst hin?

Krankheit ist immer DEIN Thema und dahinter liegt DEINE Aufgabe. Und auch hier gibt es kein allgemeines Richtig oder Falsch. Es wird allenfalls Situationen geben, in denen du die Unterstützung einer (medizinischen) Fachperson im Aussen benötigst. Dann wiederum wirst du wissen, worum es eigentlich geht und wie du das Thema lösen kannst. Ganz alleine für dich. Lass dich auch hier von deinem inneren Wesen führen. Werde dir jedoch zunehmend bewusst; unser System besitzt grundsätzlich eine grosse Weisheit und Regenerationsfähigkeit.

Erkrankt jemand an einer tödlich verlaufenden Krankheit, beginnt oft im Aussen der Kampf gegen diese Krankheit. Dies mag richtig sein. Es ist jedoch äusserst hilfreich, sich zudem hinzusetzen und in sich hinein zu horchen. Weshalb diese Krankheit mit tödlichem Verlauf? Ist der Betroffene ehrlich mit sich selbst, wird er höchstwahrscheinlich tief in sich drin eine Lebensmüdigkeit und/oder Todessehnsucht finden. Mit dieser gilt es sich nun aktiv auseinander zu setzen. So lange, bis sich eine kongruente Entscheidung in sich drin wahrnehmen lässt; für ein lebendiges Leben in Fülle oder für ein – würdiges – Verlassen dieses Körpers und der materiellen Welt. Auch hier findet die effektive Entscheidung im Inneren und nicht im Aussen statt. Und auch hier geht es letztendlich darum, aktiv Verantwortung zu übernehmen. Für sich und sein Leben.

3.5 Agenda
Wir sind uns gewohnt zu planen und haben meist bestimmte Vorstellungen und Erwartungen.

Vieles davon läuft automatisiert ab und wir werden uns unserer unbewussten Vorgaben manchmal erst bewusst, wenn sie sich nicht einstellen (es heute zum Beispiel keine Brötchen zum Kaffee gibt, die Sitzheizung im Auto nicht funktioniert etc.).

Meine Vorstellungen prägen jedoch den Fokus meiner Wahrnehmung. Was zu einer Einengung führen kann und allenfalls verhindert, das zu sehen, was auch noch ist. Es macht mich zudem abhängig. Abhängig davon, ob meine Pläne gelingen und meine Vorstellungen und Erwartungen erfüllt wurden. Die Thematik der Agenda (Synonym für Vorstellungen, Erwartungen, Ziele) hat zudem sehr grossen Einfluss auf mein Befinden, ohne dass ich mir dessen bewusst bin. Mein Verstand arbeitet laufend, scannt alles, was mir begegnet, ab und teilt entsprechend meiner Agenda in richtig oder falsch ein. Und jedes Mal, wenn etwas nicht so ist, wie ich denke, dass es sein müsste, fühle ich Unwohlsein und/oder Frustration.

Doch;

- Was wäre, wenn mich etwas ganz anderes glücklicher machen würde? Es mir jedoch noch nicht bewusst ist?
- Wie wohl würde sich mein Tag heute anfühlen, wenn er ohne jegliche Pläne, Erwartungen und Vorstellungen entstehen dürfte? Ungewohnt? Beängstigend? Entspannt?

- Wie würde ich mich fühlen, wenn alles, was mir begegnet, mir auch begegnen darf? Ohne in richtig oder falsch eingeteilt zu werden?

Pläne sind ein Teil der alten Zeit. In der neuen Zeit brauchst du sie zunehmend weniger. Denn; deine Kraft liegt im Jetzt. Und – es wird dir im Jetzt jederzeit alles präsentiert, was du gerade benötigst.
Du kannst dir das vorstellen, als wärst du eine Insel, umspült von einem grossen, wunderschönen Fluss. Dieser Fluss präsentiert dir laufend Gelegenheiten, Begegnungen und materielle Dinge. Manche hast du dir bewusst gewünscht, manche ganz heimlich, manche überraschen dich, manche liegen dir nicht usw. Du entscheidest immer in dem Moment, in dem dir die Dinge begegnen. Du bist jederzeit frei zu ergreifen und geniessen oder auch nicht. Ergreifst du etwas nicht, fliesst es ruhig weiter. Du wirst nicht bestraft; vielleicht fliesst auch wieder einmal etwas Ähnliches vorbei. Es begegnet dir jederzeit alles, was du brauchst. Doch es sind deine Entscheidungen und es ist deine Verantwortung, wie du damit umgehst. Und – die Voraussetzung ist, dass du mit deiner ganzen Aufmerksamkeit im Hier und Jetzt bist. Für viele Menschen ist dies eine grosse Herausforderung, denn sie sind zwar mit ihrem Körper in der Gegenwart, ihre Gedanken befinden sich jedoch meist in der Vergangenheit

oder der Zukunft. Sie verlieren ungemein viel an Lebensqualität mit diesem Verhalten.
Sei somit jederzeit vollumfänglich präsent und lass dich bei der Wahl der dir begegnenden Dinge von deinem inneren Wissen führen. Denn; die Dinge sind nicht immer so, wie sie scheinen. Und so manches, was auf den ersten Blick unschön aussieht, entpuppt sich im Verlauf als grosser Segen.

Unser Verstand hat manchmal die Angewohnheit zu „plappern". Das heisst, er zählt auf, wo wir überall Mangel haben, dass wir vorsorgen müssten, noch mehr benötigen würden etc. Dies setzt uns innerlich unter Druck und führt oft in Aktivismus, der wenig oder gar nichts bewirkt, letztendlich. Mit der Zeit wirst du ihn nicht mehr ernst nehmen (müssen). Weil du tatsächlich erkannt hast, dass du im Hier und Jetzt alles hast, was du brauchst. Und dass dies auch im Hier und Jetzt der Zukunft so sein wird.

Beginne mehr und mehr ohne Agenda zu leben. Gehe in ein Gespräch ohne Erwartungen und lasse dich beschenken. Umarme deinen Körper, wenn er zum wiederholten Male nicht so funktioniert, wie du gerade gerne möchtest und gehe mit dem was ist. Vertraue darauf, dass in Fülle ist und du in Fülle hast. Jederzeit. Tauche ein in die Freiheit des Seins – ohne Agenda.

3.6 Angst

Angst ist ein grosses Thema in unserer Gesellschaft. Und – Angst ist dir vermutlich ein treuer Begleiter auf deinem Weg in die Bewusstwerdung. Unsere Welt hat lange Zeit auf der Basis von Angst funktioniert. Angst macht manipulierbar und kann bewusst genutzt werden. Ein Mensch ist in Situationen, die Angst auslösen und/oder wenn ihm mittels Schreckensszenarien Angst gemacht wird, zu ganz vielem bereit, um sich wieder sicher zu fühlen und dieses Angstgefühl nicht mehr zu haben. Es gibt zudem nach wie vor Menschen, die benutzen Angst ganz bewusst, um Macht zu haben und zu manipulieren. Dies lässt sich mit angstbesetzten/angstauslösenden Situationen erwirken, mittels Horrorszenarien, aber auch durch Resonanz: hat dein Gegenüber Angst oder produziert er ganz bewusst und manipulativ das Gefühl der Angst in sich und du selbst bist unbewusst, verspürst du plötzlich ebenfalls Angst – ohne nennbaren Auslöser, alleine durch Resonanz.

Unser Verstand hat die leidige Eigenschaft, sich in Angst zu verhängen und sie mittels gedanklicher Horrorszenarien zu füttern und damit grösser und bedrohlicher zu machen. Ein Verhalten, dem auch durchaus Einhalt geboten werden darf.

Angst ist zurzeit sehr oft ein Teil unseres Alltags. Und so ist es enorm hilfreich, wenn du dir einen entspannten Umgang damit aneignest. Löse dich von der Angst vor der Angst. Angst ist letztendlich nur eine Emotion. Es ist eine Illusion und schlicht falsch, dass sie dir was tun könnte. Sie tut nur so.

Im hilfreichen Umgang mit Angst, kann es unterstützen, sich mit ihr aktiv auseinander zu setzen.
Ich unterscheide drei Angstformen;

1. Primäre Angst
Die primäre Angst ist ein unmittelbares im Jetzt ausgelöstes Gefühl, das dich auf eine reale Bedrohung im Hier und Jetzt hinweist. Du läufst zum Beispiel friedlich auf einem Fussweg im Wald und nimmst plötzlich eine diffuse Bedrohung wahr. Du hast Angst, wirst ruhig und schaust dich um. Und da siehst du in der Ferne den Auslöser – einen Bären – stehen.
Bei dieser Angstform hast du grundsätzlich drei Reaktionen zur Verfügung: Rückzug/Fliehen – Angriff/Kampf – erstarren/dich tot stellen. Konntest du fliehen oder kämpfen, ist die Angst danach weg. Ist dein ganzes System jedoch erstarrt, weil du weder fliehen noch kämpfen konntest, hast du höchstwahrscheinlich eine psychische Traumatisierung erlebt und wirst nun in der Folge einige Zeit lang an sekundärer Angst leiden.
Ehrlicherweise hat die primäre Angst einen sehr kleinen Anteil an all den Ängsten, denen wir durch den Tag begegnen. Dabei ist es alleine

diese Angstform, die uns vor tatsächlicher Bedrohung warnt und auch tatsächlich als Warnung ernst genommen werden soll.

2. Sekundäre Angst

Die sekundäre Angst wird in der Regel ebenfalls durch eine Begebenheit im Hier und Jetzt ausgelöst (z.B. dein Partner taucht ohne anzurufen nicht zum verabredeten Zeitpunkt auf). Rein sachlich gesehen ist da im Hier und Jetzt jedoch keine aktuelle Bedrohung und dennoch scheint dich Angst manchmal regelrecht zu überfluten. Sekundäre Ängste sind teilweise alte Ängste, die durch einen Umstand, der dich im Hier und Jetzt nicht wirklich bedroht, ausgelöst werden. Manchmal sind sie jedoch auch Überreste einer ehemaligen psychischen Traumatisierung, die noch nicht vollständig verarbeitet wurde. Es können zudem auch alte Kammern (siehe Kapitel 1) in uns drin sein, die durch eine aktuelle Situation geöffnet werden und ihre gestaute Angst entleeren. Sekundäre Angst ist, rein sachlich gesehen, eine alte Emotion, die sich auflösen will. Sie fühlt sich jedoch höchst unangenehm an und ist in unserem Unterbewusstsein ebenfalls mit Bedrohung verkoppelt, auch wenn wir eigentlich vom Verstand her wissen, dass dem nicht so ist.

3. Grundängste

Grundängste gehören eigentlich zu den sekundären Ängsten, sind jedoch mit einem zu

bearbeitenden Thema unterlegt.
Zu den Grundängsten gehört zum Beispiel die Existenzangst.
Die alte Zeit hat auf der Basis von Sicherheiten funktioniert. Ein sicherer Job mit möglichst guter Bezahlung und langfristigen Karriereoptionen. Eine gute Ausbildung, laufend die richtigen Weiterbildungen und eine hohe Leistungsbereitschaft. Hast du dies alles eingesetzt, hast du mit grosser Wahrscheinlichkeit gut Geld verdient und dir und deiner Familie eine entsprechende Existenz aufbauen können. Ehe, Familie, Beziehungen auf Lebzeiten versprochen, die zusammenhalten in der Not. Hattest du dies, konntest du ruhig schlafen. Du warst versorgt.
So manches davon bricht nun zusammen. In der neuen Zeit – und wir bewegen uns in diese Richtung – gelten andere Regeln.
In der neuen Zeit ist alles auf das Hier und Jetzt ausgerichtet. Du kannst nicht mehr auf Vorrat anhäufen. Nicht Geld, nicht Liebe, keine Überstunden. Du kannst keine Zweijahrespläne mehr erstellen, nicht mal mehr Tagespläne. Sie funktionieren ganz einfach nicht mehr. Unsere gewohnten Denk- und Verhaltensweisen ergeben nicht mehr den Output, den sie bisher ergaben. Dies löst das Gefühl von Unsicherheit und die Empfindung aus, dass das Leben ein einziges Chaos sei.
Zudem brechen immer wieder Dinge und Personen, die dir jahrelang vertraut waren, aus

deinem Leben weg. Scheinbar aus dem Nichts heraus verlierst du dein Haus, deinen Job, deine Familie. Es gibt Zeiten, da schaust du in die Zukunft und siehst nichts. Alles, was du dachtest, dass sein würde, ist weg. Du durchlebst Phasen, da ist nichts mehr, nur noch Leere. Das macht Angst, immer wieder.
Existenzangst, die Angst vor dem absoluten Nichts.
Lenke deine Aufmerksamkeit auf dein Brustbein, dort wo sich dein Herzchakra, dein energetisches Herz befindet. Spüre in deinen inneren Wesenskern hinein. Nimm seine Weisheit, seine Kraft wahr. Das ist die einzige Sicherheit, die du hast und haben wirst. Dein innerer Wesenskern wird dich sicher führen. Zu deinem Besten. Immer. Auch wenn es im Äußern ganz anders aussieht. Je länger du unterwegs bist, je mehr wirst du erkennen. Und umso besser wird es dir gelingen zu vertrauen. Eine Grundvoraussetzung der neuen Zeit – seinem inneren Wesen ganz und gar zu vertrauen.
Zu den Grundängsten gehört auch die Angst vor dem Sterben.
Ein unglaubliches Konstrukt der alten Zeit. Denn; du bist der du bist. Ewig und unsterblich. Das, was wir sterben nennen, ist lediglich das Hinübergehen in eine andere Dimension und damit das Verlassen des Körpers und der materiellen Welt.

Angst ist ein grosses Thema und so benötigst du nicht nur Wissen, sondern auch ganz praktisch Werkzeuge, um mit Angstemotionen gut umgehen zu können. Ich möchte dich ermutigen, deine ganz eigenen Strategien zu finden. Als Idee und allenfalls Grundlage möchte ich dir eine mögliche Vorgehensweise vorstellen. Im Umgang mit sekundärer Angst, insbesondere wenn sie in einer Art Überflutung auftritt, mag dir folgendes helfen:
Setz dich an einen ruhigen Ort (beim Sitzen fühlst du dich weniger ausgeliefert. Solltest du also liegen bei einem Angstanfall, setz dich auf). Wenn du möchtest an deinen Lieblingsort. Was jedoch ebenfalls sehr hilfreich ist, sich auf den Boden in eine Ecke zu setzen. Und zwar so, dass du auf der einen Körperseite die Wand spürst, und dich gleichzeitig sehr bewusst mit dem Rücken an die Wand lehnst und genauso bewusst auf dem Boden sitzt, der dich trägt. Nimm diesen 3-fach-Halt bewusst wahr, er hilft dir, dich etwas sicherer zu fühlen. Dann richtest du deine Aufmerksamkeit auf deinen Atem und atmest dich bewusst durch die Angst hindurch. Du atmest ein und du atmest aus. Fokussierst auf diesen Rhythmus und nimmst dabei den Halt von Boden und Wänden wahr. Alles andere blendest du aus. Nach ca. 5 Minuten ist die Angst-Welle vorüber und du kannst dir einen gemütlichen Ort suchen und dich erholen.
Hast du einmal erlebt, dass du dich durch Angst hindurchatmen kannst und sie sich danach

auflöst, weisst du ganz sicher in dir, dass dir Angst tatsächlich nichts tun kann. Du wirst dich ihr nicht mehr ausgeliefert fühlen und kannst sie nun fortlaufend auflösen.
Wichtig ist, dass du den Mut hast, dich ihr zu stellen und die oben beschriebene Übung auszuprobieren. Oder vielleicht auch, dich einfach einmal darauf einzulassen. Denn, wie einmal ein Klient gesagt hat „Das tönt fast ein bisschen zu einfach, als dass es funktionieren könnte". Dies erscheint mir manchmal eine der grössten Hürden im Umgang mit der neuen Zeit. Die neue Zeit ist banal einfach. Wir sind uns jedoch dermassen an das Komplexe, Anstrengende und Komplizierte gewöhnt, dass wir dem Einfachen oft nicht trauen.

Grundängste sind Ängste, die alle Menschen in sich tragen: die Angst vor dem Verlassenwerden oder aus der Gruppe ausgestossen zu werden. Die Angst vor dem Versagen, vor der Hingabe oder auch vor Armut. Sie lagern tief in uns drin und sie wollen nun eine nach der anderen aufgelöst werden. Manchmal hilft auch bei diesen Ängsten oben beschriebenes Vorgehen. Wir müssen jedoch zusätzlich das unterlagerte Thema bearbeiten. Eine mögliche Variante dafür möchte ich folgendermassen vorstellen: Grundängste lassen sich mit Drachen vergleichen und fordern uns heraus, Held in unserer eigenen Geschichte zu sein. Allerdings in der Version der neuen Zeit! Denn; in der alten Zeit musste der

Held allen seinen Mut zusammen nehmen und mit List, Weisheit und Kraft den Drachen bekämpfen. War er erfolgreich, hat er das halbe Königreich und die Hand der Prinzessin erhalten. In der neuen Zeit benötigst du ebenfalls all deinen Mut. Allerdings schaust du dem Drachen einfach mit all deiner Aufmerksamkeit und Liebe in die Augen und wartest, bis er sich auflöst. Als Geschenk ist dir mit jedem weiteren Drachen dein ganzes eigenes Königreich sicher.

Versuche, wenn möglich, auch im Aspekt der Angst, dich weder in die emotionalen Seile von anderen Manschen noch in die scheinbaren Seile von Medikamenten fallen zu lassen. Diese Dinge bringen dir lediglich weitere Abhängigkeiten.

Wenn du möchtest: richte deinen Fokus die nächsten Tage auf die Thematik Angst. Schaue sehr achtsam hin. Und du wirst feststellen, hinter vielen deiner Verhaltensweisen liegt Angst. Angst ausgeschlossen zu werden, Angst Fehler zu machen und gerügt zu werden oder gar Sanktionen ausgeliefert zu sein, Angst nicht mehr geliebt zu werden, Angst zu verlieren, Angst enttäuscht zu werden usw.
Oft ist die Systematik derart subtil verwoben, dass du sehr leise und sehr aufmerksam sein musst, um zu erkennen.
Je mehr Angst du be- und verarbeitest, umso weniger Angst wird dir mit der Zeit begegnen. Mit den Monaten und Jahren wird sie weniger

werden und löst sich allmählich ganz auf. Eine der Grundvoraussetzungen für Selbstermächtigung.

3.7 Kinder

Ich erlebe die jetzigen Kinder sehr geduldig und liebevoll. Sie spiegeln dir oder euch als Eltern, den Betreuungspersonen oder Lehrern und manchmal auch uns als Gesellschaft die Themen, bei denen du/sie/wir hinzuschauen haben. Vielleicht formuliere ich eher „hinzuschauen hätten", denn die wenigsten Erwachsenen tun dies. Statt bei sich selbst hinzuschauen, kriegen die anderen, in diesem Fall die Kinder, die „Schwarze Peter Karte". „Du hast ein Problem". Dieses Verhalten ist in unserer Gesellschaft dermaßen verankert, dass es niemandem einfällt, es nur schon zu hinterfragen, geschweige denn, es nachhaltig zu ändern. Die Kinder und Jugendlichen ertragen alle möglichen Interpretationen, Diagnosen, Stempel und Versuche, sie zu reparieren resp. therapieren. Oft ohne Bewusstsein dafür, was da – eigentlich – geschieht und welche wichtige Aufgabe sie mit ihrem Verhalten – eigentlich – erfüllen.
Die meisten der Herausforderungen, die du mit deinem Kind erlebst, sind deine Themen! Nimm dir die Zeit und gib dir den Raum und die Erlaubnis, zu allererst immer bei dir selbst hinzuschauen. Was löst sich da gerade in dir

selbst? Womit ist es unterlagert, wenn du etwas tiefer gehst?
Hast du dein Thema in dir selbst gelöst, löst sich nicht selten auch das Thema mit dem Kind. So einfach eigentlich. Banal und doch verborgen im Wust der Komplexität, der unsere Gesellschaft zur Zeit unterliegt.

Unsere Kinder tragen zudem die neue Welt in sich und weisen uns den Weg für zukünftige Formen. Sie in die Regeln, Glaubensstrukturen, Normen und Werte der alten Welt pressen zu wollen, ist zum Scheitern verurteilt und generiert unglaublich viel Stress. Lasse dich öffnen, werde weich und achtsam. Lasse all deine Vorstellungen, wie was zu sein hat los. Beginne im und aus dem Jetzt heraus zu agieren. Intuitiv. Wissend. Und – lernend.

Eine Unart (insbesondere von uns Müttern) ist zudem, uns Sorgen zu machen. Diese negativen Gedanken schaden nicht nur den Kindern selbst, sie manifestieren sich nicht selten genauso, wie wir sie für die Zukunft (angstvoll) fühlen und uns vorstellen.
Ich erlaube mir etwas provokativ nachzufragen, ob sie wohl genau so geschehen wären, wenn du als Elternteil anders gefühlt und gedacht hättest.

In der alten Welt ist es normal, dass Elternsein Manipulation und Machtge- resp. nicht selten – missbrauch beinhaltet. Selbst achtsame

Menschen sind sich oft zu wenig bewusst, was da tagtäglich abläuft. Schaue bewusst hin und erlaube, dass Veränderung geschehen und Neues entstehen darf.

3.8 Fülle
Viele unserer letzten Lebensgeschichten lassen sich beinahe wie eine Heldengeschichte beschreiben;
Held war, wer möglichst viele Schläge ertragen hat, ohne auch nur einen Laut von sich zu geben. Heldenhaft war, sein Leben für eine gute Sache oder allenfalls auch für einen anderen Menschen zu opfern. Gut war, wer mit möglichst wenig Hab und Gut durchs Leben lief. Aufopferung, Entsagung. Demut waren hohe Werte in den letzten Jahrhunderten unserer westlichen Gesellschaft. Mit gesundem Menschenverstand betrachtet allerdings eine komische Sache. Weshalb soll es heldenhaft sein, sich aufzuopfern? Weshalb ist es gut/rein/heilig, mit wenig finanziellen Mitteln zu leben? Wie wohl kamen diese komischen Glaubenssätze in unser Denken?
Sie taten es. Und dieses „wenig gleich rein/heilig/besser" und „sich aufopfern ist gut" prägt auch heute noch. Fest verankerte Glaubensmuster, die es nun, in einer deutlich anderen Zeit, vielen Menschen schwirig machen, sich für Fülle zu öffnen.

Ich möchte dich einladen, dir all den diesbezüglichen Glaubenssätzen, die dich – unbewusst - prägen wie z.B. „Geld verdirbt", „Hochmut kommt vor dem Fall" bewusst zu werden. Sie einer nach dem anderen aufzuschreiben und sie für dich ganz alleine bezüglich ihrem derzeitigen Wahrheitsgehalt zu überprüfen. Spürst du, dass sie dir hier und jetzt nicht mehr dienen? Lass sie bewusst los!

In vielen von uns ist zudem, tief verborgen, ein Mangel-Bewusstsein. Ein unbestimmtes Gefühl des „zu kurz-kommens". Wir sind uns dessen meist nicht mehr bewusst. Doch es sitzt irgendwo in unseren Zellen und lässt uns – Mangelprogramm-Ferngesteuert – so manche Dinge tun, die uns nicht wirklich dienen. Es führt uns zudem auf direktem Weg auf die „Täter-Opfer-Schiene". Ein Programm, das uns noch weniger dient.

Fülle wird fälschlicherweise manchmal mit Überfluss verwechselt. Überfluss ist jedoch der Gegenpol von Mangel. Und Fülle selbst entsteht durch die Verschmelzung dieser beiden Pole. Fülle hat eine ganz eigene Sinnesqualität, die sich nur ganz schwer in Worte fassen lässt.
Wenn du möchtest, lade ich dich zu folgender Übung ein:
Suche dir einen ruhigen, ungestörten und angenehmen Platz. Gehe innerlich in die Qualität „Mangel" hinein. Nimm möglichst ganzheitlich

wahr. Dasselbe machst du dann mit der Qualität „Überfluss". Lass dir danach von deinem inneren Wesenskern die Qualität „Fülle" zeigen und nimm dabei den Unterschied zu den anderen beiden wahr.

Es gibt keinen Grund sich einzuschränken. Absolut keinen. Alle Begrenzungen sind in deinem Kopf.

3.9 Geben – Erhalten
In der alten Zeit war „geben" nicht immer rein:
- Wir haben gegeben aus einem Muster heraus, z.B. wenn wir zum Essen eingeladen wurden
- Wir haben zurückgegeben, wenn wir etwas erhalten haben. Möglichst zeitnah. Wir wollten bei niemandem in der Schuld stehen.
- Wir haben gegeben, weil wir wussten, dass unser Gegenüber etwas erwartet
- Wir haben manchmal – unbewusst – anderen das gegeben, was wir eigentlich uns selbst hätten geben müssen

Die Thematik „geben und empfangen" verändert sich. Und wird dadurch sehr entspannt. **Geben und Empfangen gleicht sich ganz natürlich aus** in der neuen Zeit. Alles was du tun musst, ist dir bewusst zu werden, dich aus all den Mustern zu lösen und fortan deinen inneren Impulsen zu vertrauen.

Ein paar Beispiele zur Veranschaulichung;

- Ich wurde zu einem wunderbaren Essen eingeladen. Mich erwartete ein liebevoll und grosszügig geschmückter Tisch und herrliche, qualitativ hochwertige Nahrungsmittel in mehrere fantasievolle Gänge verarbeitet. Mein im Vorfeld gekauftes Mitbringsel blieb dummerweise zu Hause bei mir liegen. Und ich habe mich geschämt deswegen. Wir führten wunderbare Gespräche, genossen die Zeit zu zweit und durch das Gespräch mit mir hat mein Gegenüber – nebenbei und in wunderschöner Atmosphäre – gleich mehrere ihrer aktuellen „Lebensknöpfe" mühelos lösen können. Wir haben es nicht geplant, nicht gesucht. Es ist geschehen. Ob es auch so hätte geschehen dürfen mit meinem Mitbringsel?
- Ich habe in den letzten Jahren einige Menschen teilweise über Jahre hinweg aus Resignation und Verzweiflung heraus zurück ins Leben begleitet. Beide würden wir vermutlich sagen; das Jetzt geschah zu einem beträchtlichen Teil auch dank meiner Unterstützung. Ich habe von den Betroffenen nie Geld oder ein materielles Geschenk dafür erhalten. Und gleichzeitig habe ich unendlich viel erhalten durch

sie. Sie haben mich gelehrt, indem ich dank ihnen und mit ihnen eintauchen durfte in die Thematik. Sie haben mich teilhaben lassen an ihren Erfahrungen und Erkenntnissen, die ich nun wiederum anderen Menschen weitergeben kann. Sie haben mich grosszügigst beschenkt, ohne sich dessen vermutlich bewusst zu sein; ich wäre als Mentorin und Lehrerin ohne sie nicht dort, wo ich heute bin.

Das heisst für dich; du darfst jederzeit freudig annehmen, was dir gegeben wird. Dabei kannst du vertrauen, dass das Leben ganz natürlich – in welcher Form auch immer – ausgleichen wird. Gleichzeitig gibst du zu dem Zeitpunkt und das was du aus einem Impuls deines inneren Wesenskernes gerne geben möchtest. Natürlich und leicht. Auch dort wirst du immer richtig liegen.

Das Ganze im Wissen, dass wir im Moment noch in einer Übergangszeit leben und unsere inneren alten Muster manchmal noch einmal aufleben können oder wir manchmal Geschenke erhalten, die noch sehr in der alten Energie verhangen sind.

Du wirst somit mit deinem Agieren aus der neuen Zeit heraus (vorerst) nicht immer verstanden werden und auch nicht unbedingt Wertschätzung erhalten dafür. Im Gegenteil, vermutlich. Du bist dennoch WegbereiterIn. Und wirst die Spannung gegebenenfalls noch etwas

aushalten müssen. Auch bei diesem Thema.
Doch damit sage ich dir nichts Neues.

3.9 Geld

In der heutigen Zeit scheint die Dualität stärker und auch rascher zu spielen. Dies zeigt sich auch im Bereich Finanzen. Viel Geld, wenig Geld – viel Ertrag, wenig Ertrag. Der Anspruch der Wirtschaft, jedes Jahr mehr zu erwirtschaften, wird immer schwieriger. Würden sie diesen Anspruch (der aus der alten Zeit stammt und sich in der neuen nicht mehr verwirklichen lässt) loslassen, ginge es vielen Geschäften besser. Es geht also auch in diesem Bereich um loslassen. Loslassen von alten Mustern, Erwartungen und Glaubenssätzen. Wir stolpern gerade im Bereich der Finanzen nicht selten über so manches alte Muster, das nun aufgelöst werden darf:

- Die Angst, zu wenig zu haben, dass sich der derzeitige finanzielle Stand verschlechtern könnte und somit der Drang, immer mehr Geld zu haben.
  → Das Mangelbewusstsein, das hinter diesem Muster liegt, zieht jedoch durch das Gesetz der Resonanz genau das an, was verhindert werden will: Mangel.
- Das Ziel ist Überfluss und der Weg dorthin führt linear nach oben.
  → Überfluss haben zu wollen, entspringt letztendlich ebenfalls einem Mangelbewusstsein.

→ Lineare Wege sind Wege der alten Zeit und sie wird es somit immer weniger geben.

Der Verstand hat die leidige Angewohnheit, enorm stark mitzuwuseln; sobald etwas wenig wird in deinem Leben beginnt er zu analysieren, drängt dich zu verändern und macht dir mit seinen Horrorszenarien Angst. Und es hilft dir sehr, wenn du dir angewöhnst, den Verstand in solchen Situationen möglichst auszuklinken. Das Auf und Ab als einen Teil der derzeitigen Umbruchzeit zu verstehen und innerlich zu vertrauen, dass du jederzeit alles hast, was du brauchst. Vielleicht wirst du noch einmal einige Wochen mit wenig Geld leben müssen und dich etwas einschränken. Achte diese Zeit als eine Zeit, die dich unterstützt im ganz werden. Eine Zeit, in die du noch einmal eintauchst und dabei vermutlich ganz vieles aus deinen alten Leben auftaucht. Wir haben so manche Leben in Mangel, Hunger und Not verbracht. Kein Wunder, dass auch diese Thematik noch einmal kurz auftaucht. Wenn du kannst, widerstehe dem Drang nach Aktionismus im Aussen aus lauter Angst, nun für den Rest deines Lebens zu wenig Geld zur Verfügung zu haben. Umarme den Pol „wenig Geld". Nimm ihn hin. Durchlaufe ihn. Du wirst dabei vermutlich staunend erleben, dass Fülle in deinem Leben nichts mit der Zahl auf deinem Konto zu tun hat.

Nun kann es sein, dass du in einer Zeit mit wenig Geld lebst. Und du brauchst ein neues Auto, wünschst dir eine Weiterbildung oder einen Wellness-Urlaub. Wenn du möchtest, versuche folgendes Vorgehen:
Du schreibst dir den Betrag, den du benötigst auf, definierst, wann du diesen Betrag benötigst und schreibst in deine Agenda einen entsprechenden Eintrag. Gib dem ganzen einige Wochen Zeit. Definiere also – vorerst – kein Datum auf die nächste Woche. Dann sprichst du zu deinem Innern und erklärst, weshalb dir das neue Auto, die Weiterbildung etc. so wichtig ist. Gleichzeitig lässt du in dir das Gefühl entstehen, jederzeit alles zu haben, was du benötigst. Vertiefe dieses Gefühl so lange du möchtest und lass dann innerlich los und vertraue darauf, dass wenn du das, was du denkst haben zu müssen, auch wirklich benötigst, du zum richtigen Zeitpunkt auch das nötige Geld dazu haben wirst. Du wirst dabei beides erleben, manchmal den absolut genauen Betrag plötzlich zur Verfügung haben, dann wiederum ist er nicht da. Gewöhn dir an, an gar nichts festzuhalten. Geh immer wieder in dieses ganzheitliche Vertrauen hinein, dass du jederzeit alles in Fülle hast, was du benötigst. Die neue Zeit arbeitet noch viel stärker mit dem Prinzip der Resonanz; das was du ganzheitlich bist (und fühlst) wird automatisch und mühelos von dir angezogen. Es benötigt etwas Zeit bis du innerlich umgestellt hast. Wir haben so viele Jahre ganz anders

funktioniert. Benötigtes war nur über Geld und Geld, nur via Arbeit verfügbar. Die Zahl auf unserem Konto hat über unsere Wünsche entschieden. In der neuen Zeit hat dies mehr und mehr ein Ende. Entscheide dich innerlich, dass du dich auch in diesem Bereich auf die neue Zeit einlassen möchtest. Und dann beobachte, erfahre, erkenne. Lernen findet über die eigenen Erfahrungen statt. Je mehr du eintauchst in das Thema, umso mehr wirst du verstehen und dabei immer müheloser damit umgehen können.

Sei dir bewusst, dass du finanziellen Reichtum mehr und mehr aus deinen Gefühlen und Gedanken heraus erschaffst. Und sei dir bewusst, dass in aller Regel immer wieder kleine Fitzelchen von Mangelbewusstsein mit reinschwingen können und damit dann auch Mangelsituationen generieren. Das Ziel von viel z.B. entspringt nicht selten einem Mangeldenken. Wenn du magst, realisiere das Ziel von Fülle. Rein aus dem Gefühl heraus. Aktuell erscheint es mir der erfolgreichste, weil unverfänglichste und reinste, Weg zu sein so.

3.10 Wissen - Interpretation
Die alte Zeit versteht unter Wissen ein gedankliches Abrufen von Zahlen und Fakten, die von der Wissenschaft oder Allgemeinheit als Wahrheit definiert werden. Wissen läuft in aller Regel sehr verstandesorientiert ab. Wir nehmen

einen Fakt wahr (z.B. Bettina trägt einen roten Pullover) und unser Verstand beginnt lustvoll zu interpretieren. Lässt sich bei Bettina nachfragen, gilt als Wahrheit, was sie sagt, auch wenn sie vielleicht nicht wirklich die Wahrheit sagt. Lässt sich nicht bei Bettina nachfragen, gilt als Wahrheit, was die meisten Menschen als Wahrheit anerkennen.

Wahrheit ist somit ein relatives Konstrukt. Sie kann zudem jederzeit von einer neuen Studie und/oder einem anerkannten Fachmenschen widerlegt oder neu definiert werden. Wir haben uns daran gewöhnt, irgendwie.

Die neue Zeit funktioniert auch hier anders und vermutlich ist sie dir bereits bekannt, die neue Funktionsweise. Wissen bedeutet hier ein inneres Erkennen und Erfassen. Dies geschieht jenseits von Fakten, Zahlen und Normen und wird deshalb in der alten Welt auch meist nicht anerkannt. Es ist dennoch da. Du weisst. Andere Meister wissen genau dasselbe. Es muss nicht darüber diskutiert werden. Weil ist, was ist. Und alle wissen. Was nun in der Übergangszeit jedoch häufig geschieht ist, dass du einen Impuls weisst und nicht erkennst, dass nun unwillkürlich der Verstand nach altem Muster mit diesem Impuls als Fakt der alten Zeit umgeht. Er analysiert und interpretiert. Dadurch entsteht eine Vermischung, die manchen nicht bewusst ist. Wissen ist nur der innere Impuls, das innere Erkennen – der Rest ist Interpretation.

Und ich möchte dich ermutigen, den Teil der Interpretation ersatzlos zu streichen. Bleibe beim inneren Impuls, gib ihm Raum und das Wissen wird sich erweitern.

Die neue Zeit bringt ungemein viel Schönes mit sich. Auch in diesem Bereich. Du musst dich nicht mehr darstellen, keine Rolle mehr spielen, nicht mehr nett und freundlich in ein Schema passen. Du darfst zunehmend sein, die/der du bist. Ungeschminkt und ehrlich. Du wirst auch zunehmend erkannt als der/die du bist.
Du siehst resp. spürst zudem immer mehr hinter die Dinge; du weisst, ob Blumen oder Lebensmittel frisch sind. Du weisst, ob ein Buch Inhalt hat oder nur so tut. Du weisst, was ein Mensch wirklich denkt usw.

Wir alle haben unsere Geschichte. Wir waren unbewusste Träger der neuen Zeit und haben gleichzeitig in der alten Zeit gelebt. Vielleicht war deine Fähigkeit zu Wissen (nach der neuen Zeit) schon seit längerer Zeit vorhanden. Doch du konntest nicht mit Fakten belegen. Oder du hast das Wissen – unbewusst – mittels Interpretationen zu Halbwahrheiten entstehen lassen und hast dann daraus interpretiert, dass du doch nicht wirklich weisst.
Ich gehe davon aus, dass wir alle Ähnliches erlebt haben, dies nun jedoch loslassen und uns mehr und mehr auf die Fähigkeit zu wissen einlassen dürfen.

Ein weiterer Aspekt der „Biographie-Verwirrung der alten Zeit" ist folgender:
Vielleicht hast du wiederholt erlebt, dass du eine – deiner Wahrnehmung gemäss richtige – Sachlage formuliert hast. Zum Beispiel „Carola ist neidisch" oder „die beiden sind nicht glücklich miteinander". Und dann von deinem Umfeld gehört hast, dass du kritisch, kritisierend und/oder be- respektive verurteilend seist. Mit der Zeit warst du möglicherweise ebenfalls dieser Meinung. Und so möchte ich dich bitten, dich die nächsten Tage achtsam zu beobachten und für dich zu reflektieren. Stimmt dies? Oder ist dir allenfalls folgendes geschehen:
Die beiden oben beschriebenen Beispiele lassen sich in der neuen Zeit als Wissen beschreiben. Das Formulieren eines Faktes. Die alte Zeit kennt diese Art des Wissens allerdings nicht und hat entsprechend der Wirklichkeit der alten Zeit reagiert. Doch korrekterweise, würde ich urteilen, müssten in meinem Satz „richtig" oder „falsch" oder ähnliche Worte enthalten sein.

Unser Verstand beurteilt fortwährend und teilt dabei in richtig oder falsch, gut oder schlecht usw. ein. Er beurteilt jedoch nicht nur im Aussen, er beurteilt auch uns selbst. Wir beurteilen uns selbst. Ununterbrochen. Eigentlich ist es unendlich anstrengend, laufend beurteilt zu werden und dennoch tun wir es. Ein Muster, das wir halbbewusst laufen lassen und uns nicht wirklich gut tut. Ja vielmehr, es schadet uns.

Denn, wir genügen unseren eigenen überhöhten Ansprüchen oft nicht und kritisieren und verurteilen uns selbst unzählige Male im Laufe des Tages. Dabei fügen wir uns selbst Schmerzen und Schaden zu und nehmen dies als normal hin. Manchmal werden wir dann müde und/oder krank von unserem eigenen Umgang mit uns selbst. Doch selbst dies hält uns nicht immer davon ab von unserem selbstzerstörerischen Verhalten. Wollen wir nicht aufhören damit?

3.11 Emotionen - Gefühle

Einzelne Psychologie-Richtungen unterscheiden zwischen Emotionen und Gefühlen. Ich tue dies ebenfalls. Der übliche Sprachgebrauch nennt oft beide synonym. Wenn du dich jedoch etwas auseinandersetzt mit dem Thema, wirst du selbst feststellen, dass in der Qualität der beiden Wahrnehmungen ein gewaltiger Unterschied besteht.

Gefühl ist eine Sinnesqualität im Jetzt. Du spürst den Sand zwischen den Zehen und den Wind auf deiner Haut. Du hörst das Meer und die Möwen. Du riechst Frische und schmeckst Salz – dies alles löst ein ganz spezifisches Gefühl in dir aus.

Gefühle haben Tiefe und eine reiche Qualität, die dich lebendig sein lässt.

Emotionen sind Reaktionen auf Bewertungen unseres Verstandes. Wir denken an den Urlaub, der vor uns liegt und verspüren Freude. Emotion ist somit mit Denken (und häufig auch mit Bewerten) verknüpft. Das Denken bewirkt die Emotion. Und sind wir achtsam, lässt sich wahrnehmen, dass Emotion eine ganz andere Sinnesqualität hat als ein reines Gefühl, das aus dem Hier und Jetzt entsteht.

Der Weg der Bewusstwerdung ist ein Weg voller Emotionen. Es gibt Zeiten, da scheinen sie einen regelrecht zu überrollen, was nicht immer ganz so einfach ist im Umgang damit. Es scheint allerdings kein Weg daran vorbei zu führen; denn die Loslösung von Altem geschieht oft über Emotionen. Und so wirst du vermutlich deinen eigenen für dich guten Umgang finden müssen damit. Grundsätzlich gilt jedoch; je weniger du versuchst zu kontrollieren und festzuhalten, umso einfacher durchstehst du die Phase. Wenn du etwas zum Festhalten benötigst; halte dich fest am Wissen, dass dies eine Welle der Loslösung/Reinigung ist und sie vorüber gehen wird. Dann lässt du sie zu und tauchst ein in den Emotionsstrudel. Du wirst – zu seiner Zeit – auch wieder auftauchen und dir und deinem Umfeld wird nichts geschehen dabei.
Wir sind oft sehr hart im Umgang mit uns selbst. Und so ist auch oben beschriebene Herausforderung eine weitere Gelegenheit, weich zu werden und damit liebevoll und wohlwollend mit uns selbst umzugehen.

Emotionen sind oft „alte Geschichten" und haben somit wenig mit dem Hier und Jetzt zu tun, obwohl sie sich manchmal im Nachhinein gedanklich damit verknüpfen lassen. Mit der Zeit werden Emotionen weniger und Gefühle häufiger. Eine Entwicklung, die dir sehr viel Lebensqualität schenkt.

Dein inneres Wesen kommuniziert übrigens häufig mit dir mittels Gefühlen. Leise, sachte Impulse. Du wirst feststellen, dass diese „Herzgefühle" eine etwas andere Qualität besitzen und gleichzeitig eine ganz hohe Aussagekraft haben. Hörst du auf sie und setzt du die Impulse um, liegst du auf eine schier unglaubliche Art und Weise richtig. Immer. Sei dies bei der Auswahl der Nahrungsmittel, bei deiner Kleidung, beim Aufbau einer Selbständigkeit usw. Egal wie ungewöhnlich deinem Verstand die Impulse erscheinen mögen, egal wie wenig Sinn das Vorgehen im Hier und Jetzt zu machen scheint. Die Impulse deines inneren Wesens sind immer richtig.

3.12 Telepathie
Wir sind multidimensionale Wesen und sind mit allem verbunden. Vermutlich ist es dir immer wieder einmal geschehen, dass du einen Menschen, den du nicht kanntest, mit einem Blick in die Augen erfasst hast. Dass du Dinge aus

seiner Biographie wusstest, ohne dass sie dir jemand erzählt hat oder du wusstest, was diesen Menschen jetzt gerade beschäftigt und wie eine mögliche Lösung seiner derzeitigen Herausforderung aussehen könnte. Mit zunehmender Bewusstwerdung wird deine Wahrnehmung immer vielfältiger. Und so kann es dir geschehen, dass du die Gedanken oder Emotionen/Gefühle deines Gegenübers in dir hast, als wären es deine eigenen. Dies ist in den ersten Wochen, insbesondere bevor du die Tatsache erkennst, eine ziemliche Herausforderung. Und ich möchte dich ermutigen, dich ihr ganz frei zu stellen; du wirst – mit etwas Übung – deinen idealen Umgang damit finden. Selbst wenn es dir erst etwas schwer fällt.

Zwei Übungen, die dir in der ersten Phase dienen können, möchte ich dir hier vorstellen. Wie immer mit der Bitte, daraus bei Bedarf auch deine ganz eigenen Versionen zu erstellen. Du wirst jedoch feststellen, mit der Zeit wirst du nichts solches mehr benötigen.

Nimm dir einen Moment für dich selbst und nimm dabei wahr, was in dir ist. Dann sprichst du laut und deutlich „alles was nicht zu mir gehört, darf/soll mein System hier und jetzt verlassen". Danach nimmst du erneut wahr. Das, was du nun wahrnimmst, ist dein.

Ich bin mir bewusst, dass sich die Übung lächerlich einfach liest. Wenn du möchtest, lass

dich dennoch drauf ein, es einmal zu versuchen. Das Resultat wird dich überzeugen.
Diese Übung wird dir vor allem in der ersten Phase, in der er es dir so manches Mal noch schwer fällt zu unterscheiden, dienen. Dank ihr wirst du den Unterschied zwischen „mein" und „anderen" immer besser erkennen. Und wie bereits oben geschrieben; mit der Zeit wird dir dies auch ohne die Übung immer müheloser gelingen.
Die Übung vertieft übrigens die Thematik „ich kreiere meine Realität" auf einfache und wunderschöne Weise. Gebiete, was du für dich möchtest, und es wird dir geschehen. Mehr und mehr.
Manchmal magst du dich überwältigt fühlen von all den vielen Eindrücken. Zum Beispiel, wenn du dich im Bus befindest und nun plötzlich zu der gewohnten Lärmkulisse, die an und für sich schon nicht immer angenehm ist, auch noch eine Emotions- und Gedankenkulisse zu bewältigen hast.
Hier mag dir das Errichten eines „Safe space" helfen;
Schaffe um dich herum einen sicheren Raum; stell dir gedanklich einen Raum um dich herum vor. Einen Raum der Sicherheit, des Friedens und der Ruhe. Ein Raum, in dem sich nur das befindet, was zu dir gehört. Übe etwas damit, du wirst mittels Wahrnehmung der veränderten Qualität um dich herum erkennen.

Viele spirituelle Bücher arbeiten mit allerlei Schutztechniken. Gerade bei Wahrnehmungsüberflutungen. Und oft sind solche Techniken auch hilfreich. Du kannst dir zum Beispiel einen Bergkristall um dich herum vorstellen, einen Tetra-Eder über dich gestülpt, dich inmitten einer Glashülle usw. Vielleicht wirst du jedoch mit der Zeit feststellen, dass es anstrengend wird, sich immer wieder zu schützen. Solltest du dich an diesem Punkt befinden, ermutige ich dich, einfach aufzuhören damit. Es braucht vielleicht einige Tage, doch dann wirst du erkennen; du brauchst keinen Schutz. Alles darf sein. Du kannst deine Wahrnehmung auf- und zuklappen wie einen Fächer. Deine Aufmerksamkeit folgt immer deinem Fokus. Und hast du deinen Fokus auf den vorbeifahrenden Bäumen zum Beispiel, lassen sich all die Kulissen um dich herum mühelos ausblenden. Manche haben sich auch angewöhnt, mit Musik im Ohr Bus zu fahren. Auch das hilft.

Das Konstrukt der linearen Zeit in Form von Vergangenheit, Gegenwart und Zukunft existiert nur in der Dichte der alten Zeit und gibt es als solches eigentlich gar nicht. Vergangenheit, Gegenwart und Zukunft sind fliessend und flexibel. Das heisst, alles was ich jetzt tue, hat Einfluss auf das, was wir in der alten Welt Vergangenheit und Zukunft nennen. Und so gibt es „die Vergangenheit mit denen und anderen

Begebenheiten" und „die Zukunft" nicht als Fixum. Beide sind ständig in Bewegung und fliessen gleichzeitig ineinander über. Das heisst auch, alles was du im Hier und Jetzt löst, löst du grundsätzlich und somit in allen „Zeitformen".
Du kannst immer nur im Hier und Jetzt mit den Hier und Jetzt-Emotionen auflösen. Ein Grund für so manches Drama, das dich und dein Umfeld irritiert. Du löst „die Vergangenheit" im Hier und Jetzt auf und veränderst damit „die Zukunft".
Alles ist jetzt, letztendlich.
Und so möchte ich dir auch Mut zusprechen, wenn du dich allenfalls nach einem durchlebten Drama hinterfragst. Denn auch wenn es auf den ersten Blick nicht so erscheint; mit jedem Drama, das du im Hier und Jetzt auflöst, tust du Gutes! Dir selbst, aber auch allen Wesen, die in irgendeiner Form daran beteiligt sind und/oder waren.

Mit zunehmender Bewusstheit wird es dir geschehen, dass du phasenweise nicht nur im Jetzt, sondern gleichzeitig auch ein Stückchen in der Vergangenheit und noch ein anderes Stückchen in der Zukunft lebst. Eine Situation, die dich erst ziemlich verwirren kann. Sobald du jedoch einordnen und damit verstehen kannst, kannst du damit beginnen, deinen eigenen guten Umgang damit zu finden. Denn in Zukunft wirst du mehr und mehr multidimensional und damit alles gleichzeitig in dir drin haben. Ein Zustand, der dir mit der Zeit so normal erscheint, wie damals die alte Form.

4. Was dich unterstützen kann

- Es gibt Zeiten, da fühlst du dich regelrecht neben dir selbst. Du hast irgendwie den Zugang zu dir selbst verloren und fühlst dich innerlich chaotisch und zerzaust. Es mag für dich etwas befremdlich tönen, doch wenn du magst, probiere es einfach einmal aus: setz oder stell dich hin und beginne langsam und achtsam die Tonleiter zu summen. Summe jeden einzelnen Ton möglichst lange und nimm dabei wahr, was in deinem Körper geschieht.
  Da ist ein Ton dabei, der lässt dich wieder bei dir selbst ankommen. Er ist dein ganz persönlicher „Wohlfühlton". Dieser Ton gesummt oder auch laut ausgehalten, vermag dich energetisch wieder zu kalibrieren. Du wirst ihn intuitiv finden, diesen Ton.
- Wir durchlaufen einen Heilungs-/Läuterungs-/Transformationsprozess. Ein Grossteil davon findet über unseren Körper statt. Das heisst, er hat unglaublich viel zu tragen und zu arbeiten. Dies erklärt auch, dass du dich

phasenweise unendlich müde und erschöpft fühlst und immer wieder viel Ruhe benötigst. Manchmal fühlt er sich jedoch unüblich steif, fast nicht funktionsfähig an. Du hast Mühe beim Anlaufen und jede Bewegung schmerzt. Hier können Basen- oder Meersalz-Vollbäder helfen. Aber auch Kristallbehandlungen und moderate Bewegung in der Natur lassen ihn wieder regenerieren, deinen Körper.
- Experimentiere mit deiner Trinkmenge und finde das für dich richtige Mass. Dieses wird eher im oberen Bereich liegen und kann dich unterstützen.
- Lasse alle Normen und Vorgaben los. Je weniger du fixierst, umso leichter wirst du es haben auf deinem Weg.
- Liebe dich selbst! Von ganzem Herzen und mit allem, was du hast und bist. Jederzeit. Bedingungslos.
- Und - lauf weiter, Meister/Meisterin. Lauf einfach immer weiter.
  Es wird dir gelingen!

Herstellung und Verlag:
BoD - Books on Demand, Norderstedt
ISBN 978-3-7431-1006-9